# Mailänder Salami & Co.

ECON Gourmet Bibliothek

Jürgen Löbel

# Mailänder Salami & Co.

ETB
ECON Taschenbuch Verlag

*Bildnachweis:*
Johannes Sussbauer, Realisation: Ludwig Kaiser, München.

Der Verlag dankt der Firma Aloís Dallmayr, München, für die freundliche Mithilfe bei der Realisierung des Bildteils.

CIP-Titelaufnahme der Deutschen Bibliothek

*Löbel, Jürgen:*
Mailänder Salami & Co. / Jürgen Löbel. [Hrsg. von Hans-Peter Wodarz]. – Orig.-Ausg. – Düsseldorf: ECON Taschenbuch Verl., 1989
(ETB; 24023: ECON Gourmet Bibliothek)
ISBN 3-612-24023-4
NE: GT

Originalausgabe


Umschlaggestaltung: Ludwig Kaiser
Titelfoto: Johannes Sussbauer c/o Studio Ludwig Kaiser
Rückseitenfoto: Axel Ruske
Lektorat/Konzeption: Dr. Peter Lempert

Satz: Dörlemann-Satz, Lemförde
Druck und Bindearbeiten: Ebner Ulm
Printed in Germany
ISBN 3-612-24023-4

# Inhalt

## Hans-Peter Wodarz

über

# Mailänder Salami & Co.

*Eines muß von Anfang an klargestellt werden: In der klassischen Mailänder Salami ist kein Knoblauch! Was statt dessen hineingehört, darüber gibt es unter Feinschmekkern keinen Streit: viel Fleisch, Gewürze und an Fett soviel wie nötig und sowenig wie möglich. Was dann tatsächlich in der Wurstpelle ist – das weiß angeblich noch nicht einmal der liebe Gott. Manche Mailänder behaupten augenzwinkernd, wenn der Herrgott das wirklich wissen wolle, dann frage er einen Jesuiten ...*

*Scherz beseite – man weiß recht genau, was in früheren Jahrhunderten in der Mailänder Salami war: Fleisch von Eseln und Schweinen, mit einigem Salz als Konservierungsmittel durch den Wolf gedreht und nach der Abfüllung an der Luft getrocknet. Dabei wartete man früher darauf, daß sich an der Außenseite der Pelle ein natürlicher Schimmel bildete.*

*Nach einer Salami aus Esels- und Schweinefleisch wird man heute lange suchen müssen. Und auch das Fleisch von Pferden in der guten Wurst ist bei den Verbrauchern nicht mehr recht beliebt. Deshalb dürfte sich in den meisten Salamis vor allem Rindfleisch befinden. Wir sehen also, daß die Salami ein ziemlich komplizierter Stoff ist, mit anderen Worten: Sie ist Vertrauenssache, kann köstlich sein, wenn sie mit Liebe und Sachverstand hergestellt wurde. Wie immer, wenn diese beiden Zutaten gebraucht werden, kann das Ergebnis nicht billg sein.*

*Der stärkste Konkurrent der Mailänder Salami ist traditionell die Salami aus Ungarn. Sie kommt, wenn sie gut ist, ebenso traditionell aus den beiden Fabriken Pick in Budapest oder Herz aus Szeged. Diese ist seit der Firmengründung um die Jahrhundertwende das Paradebeispiel einer »koscheren« Wurst. Deshalb tat Herr Herz nie etwas anderes hinein als Rindfleisch.*

*Das Rezept funktionierte fabelhaft: Die Qualität war anerkannt hoch, der Betrieb florierte. Dann kam das Jahr 1933, und der Gründer war gut beraten, sich im Exil in Sicherheit zu bringen. Der Betrieb wurde von seinen Nachfolgern zugrunde gerichtet. Dann kamen die Kommunisten an die Macht, die anfangs nicht viel Geschick zeigten, das Ansehen der Fabrik wiederherzustellen. Immerhin gelang es in vielen Jahren, das Produkt international wieder konkurrenzfähig zu machen. Man erzielt ansehnliche Exporterfolge, weil Kunden in aller Welt »Herz« und »Pick« mögen.*

*Auch in die ungarische Salami gehört traditionell weder Knoblauch noch Paprika. Wenn indessen die Salami eines erstklassigen Schlachters mit Knobiduft daherkommt und trotzdem (oder deshalb) schmeckt – warum sollte man sie vom Tisch weisen? Dann ist sie halt unklassisch.*

*In der feinen Restaurantküche hat die Salami kaum einen Platz. Aber wer wird dem Chef der »Ente vom Lehel« verargen wollen, daß er gelegentlich eine Pizza mit Salami unwiderstehlich findet?*

# »Ohne Wurst und ohne Speck hat das Leben wenig Zweck«

Wurst ist doch nun wirklich kein Thema für einen Feinschmecker – könnte man entgegen dem zitierten österreichischen Sprichwort meinen! Sie ist überall zu haben und wird – zumindest in der Bundesrepublik Deutschland – recht preiswert angeboten. Sicher, manchmal leisten wir es uns, zu einem rustikalen Abend einzuladen und dabei Blutwürste mit Zwiebeln, Brötchen mit Mett oder Leberwurstscheiben in Vinaigrette anzubieten, um die von den Feinheiten der französischen Küche übersättigten Yuppies & Co. einmal mit »bäuerlicher« Kultur zu erfreuen.

Doch Rohwurstsorten wie *Salami, Plockwurst, Kolbász, Cervelatwurst* oder *Jésus* sind etwas Besonderes, weil *Rohwurst* – ebenso wie Rohschinken – in der Regel ein Produkt hoher Qualität darstellt. Denn Rohwürsten, also nicht gegarten oder gekochten Würsten, kann oder darf man keine Bindegewebe, Schwarten, Innereien und sonst unverkäufliche Teile von Schlachttieren zusetzen. Sie bestehen nur aus reinem Fleisch, Speck und Gewürzen. Rohwurst wäre, wenn man auf den Zusatz von Nitrat oder Nitrit verzichten könnte, ein rein auf biologischer Basis konserviertes »Naturprodukt«. Insofern sollte man vor einer ausreichend lange gereiften Rohwurst Ehrfurcht zeigen und bereit sein, einen wesentlich höheren Preis zu zahlen als für geschmacklose Massenware.

## Was ist eigentlich Rohwurst?

Eine *Rohwurst* besteht aus zerkleinertem, rohem Muskelfleisch vom Schwein, Rind, Schaf oder von anderen Vierbeinern sowie aus kleinen Stücken von frischem, rohem Schweinespeck. Diese beiden Zutaten werden vermischt, mit Gewürzen versetzt und in Därme gefüllt, dann geräuchert oder luftgetrocknet.

Wurstfachleute unterteilen die Rohwürste in »schnittfeste« und »streichfähige«. Zu den streichfähigen Rohwürsten gehört z. B. die Teewurst. Mit diesen Produkten wollen wir uns hier nicht befassen. Sie sind auch weniger lagerfähig und haltbar und sind qualitätsmäßig nicht so hoch wie die schnittfesten Brüder einzustufen.

Unter den schnittfesten Rohwürsten nehmen die *Dauerwürste* den Königsrang ein. Durch die lange Reifezeit sind sie natürlich teurer als »mit Gewalt« gereifte Produkte. Einige Fachleute glauben, daß die Dauerwurst durch Katharina Medici von Italien nach Frankreich eingeführt worden sei. Von dort soll sie ihren Siegeszug in das restliche Europa angetreten haben. Aber das ist wohl eine Legende, denn schon die Römer haben diese Art von Wurst in den eroberten Gebieten bekannt gemacht.

Man kann sich sicher die Frage stellen, wozu man heutzutage noch Dauerwürste braucht, wo es doch Kühlschränke gibt. Es ist richtig, daß die Herstellung von Rohwurst früher ausschließlich zur Haltbarmachung der nach dem Schlachten im Winter anfallenden Fleischmassen diente, weil man diese Mengen nicht sofort verbrauchen konnte. Der Grund dafür heute ist, daß länger gereifte Rohwurst ein außergewöhnliches Aroma aufweist, das auf keine andere Weise erzeugt werden kann.

## Schnittfeste Rohwurst

*Schnittfeste Rohwurst* kann nach der Körnung der Zutaten eingeteilt werden. So sind *Plockwurst* und *Westfälische Mettwurst* recht grob gekörnt, *Cervelat-* und *Schlackwurst* dagegen fein. Außerdem wird das Wesen einer Wurst auch noch durch andere Faktoren beeinflußt. Länge, Durchmesser, Form und Schnittbild sind die ins Auge fallenden Charakteristika. Nachdem der Feinschmecker sich eine Scheibe vom Objekt seiner Begierde abgeschnitten hat, berühren ihn außerdem Duft, Geschmack und Konsistenz beim Kauen.

Der Wursthersteller sieht das natürlich prosaischer. Für ihn bestimmen der Anteil von Magerfleisch und Speck, deren Zerkleinerungsgrad, das Verhältnis von Schweine- zu Rindfleisch, der Gehalt anderen Fleisches, die Salzung, die Vorreifung, die Gewürze, die Reifebehandlung und die Wursthülle den Charakter der Wurst.

Hier wäre zu bemerken, daß die Bezeichnung »grobe« oder »feine« Wurst nichts mit der Qualität, sondern nur mit dem Zerkleinerungsgrad des Fleisches und des Specks zu tun hat. Zur Herstellung von grober Wurst sind deutlich bessere Qualitäten der Zutaten erforderlich. Durch den besser sichtbaren Fettanteil bei der groben Wurst entsteht der Eindruck, als sei diese fettreicher als feine Rohwurst. Dabei ist es eher umgekehrt: Feine Wurst kann bis zu 60 Prozent Fett enthalten.

## Braunschweiger Mettwurst – nicht unbedingt aus Braunschweig

Ein Wort ist auch zur Herkunftsbezeichnung zu sagen. Anders als beispielsweise beim »Schwarzwälder Schinken« ist die Produktion von »Braunschweiger Mettwurst« leider nicht auf den durch diese Bezeichnung umrissenen geographischen Bereich beschränkt. Eine solche Wurst hat womöglich Braunschweig nie gesehen. Die Herkunftsbezeichnung ist hier zu einer bloßen Sortenbezeichnung degeneriert. Mit dem Zusatz »original« oder »echt« ist die Herkunft allerdings – in der Bundesrepublik – aus ebendiesem Gebiet gesichert. Genauso ist es bei Herkunftsbezeichnungen, die aufgrund von bilateralen Staatsverträgen geregelt sind, so bei der »Mailänder Salami« oder der »Ungarischen Salami«. Allerdings wird das Wort »Salami« auch für andere im Darm zubereitete Dinge verwendet: Das Restaurant »Schwarzer Adler« in Nürnberg beispielsweise bietet eine »Salami vom Gansjung« an. Sie besteht aus feingehacktem Gänsefleisch, Gänseinnereien, Pistazien, Karotten und Gewürzen, wird im Darm pochiert und kalt mit Stachelbeerkompott serviert.

In der Bundesrepublik darf Dauerwurst nur als solche deklariert werden, wenn sie einen deutlich höheren BEFFE-Anteil als eine Wurst gleicher Sorte aufweist. Hinter BEFFE steckt die Abkürzung für bindegewebseiweißfreies Fleischeiweiß. Einfacher kann man es auch mit Muskelfleischeiweiß ausdrücken. Allerdings hat der höhere BEFFE-Anteil nichts mit dem Wort »Dauerwurst« zu tun. Sinnvoller wäre der Abtrocknungsgrad als Kriterium.

## Es geht (sprachlich) um die Wurst

Das Wort *Wurst* erscheint in der deutschen Sprache erst im Mittelalter, nämlich im 11. Jahrhundert, als Übersetzung der lateinischen Wörter *salsiccia* oder *lucanica.* Man vermutet, daß die »Wurst« vom indoeuropäischen Wort »wert« oder »uert«, also »drehen« oder »Walze« abstammt. Im Lateinischen z.B. heißt drehen »vertere«, was diese Vermutung plausibel erscheinen läßt.

Die Römer standen auch für weitere Wurstwörter in anderen Sprachen Pate. Zum Beispiel soll der Name *Cervelat* vom lateinischen Wort »cervus« für Hirsch abstammen, als man noch Hirschfleisch zu Wurst verarbeitete. Aber diese Herkunft ist umstritten. Vielmehr soll Cervelat von »cervellus« für Hirn abgeleitet sein.

Jedenfalls verwandelte sich das römische Wort *salsicius,* das für alles eingesalzene Fleisch stand, in den romanischen Sprachen in die heutigen Begriffe für Rohwurst um. Im französischen Mittelalter ging der »salsicius« in *saulcisse,* dann in *saucise* über. Und heute heißt es *saucisse* oder *saucisson.* Im Italienischen heißt Rohwurst *salsiccia* (heute auch *insaccata*). Das Wort *salame* hat sich aus dem mittelalterlichen Latein entwickelt, denn es stammt von »salumen« für »mit Salz« ab.

Und nun die heutige Bezeichnung für Rohwurst in einigen weiteren europäischen Sprachen:

| | |
|---|---|
| Spanisch: | *salchicha* (oder *embutido*) |
| Portugiesisch: | *chouriça* |
| Rumänisch: | *cârnat* |
| Russisch: | *kolbasa* |
| Serbokroatisch: | *kobasica* |
| Tschechisch: | *klobasa* |
| Polnisch: | *kiełbasa* |

Bemerkenswert ist bei den slawischen Wörtern, daß diese alle vom hebräischen Wort »kol-basar« (allerlei Fleisch) herrühren. Der Grund dafür ist, daß das Metzgerhandwerk in diesen Ländern im Mittelalter meist von Juden ausgeübt wurde.

Das Wort »Mett« in Mettwurst stammt vom Niederdeutschen »Met« für »gehacktes Fleisch« ab. Das Wort *Schlackwurst* dagegen hat seine Wurzeln wohl in dem mittelhochdeutschen Wort »slahten« für Schlachten. Die Bezeichnung *Plockwurst* ist vermutlich auf den »Plock«, den Bock aus Holz, auf dem das Fleisch zerkleinert wurde, zurückzuführen.

*Eine Rohwurst ist eine bei Temperaturen von mehr als zehn Grad lagerfähige, schnittfeste Wurst aus rohem Fleisch und Speck. Es gibt welche mit Schimmelbelag und welche ohne solchen. Weiße Tauchmassen oder andere Kunststoffhüllen sind ebenfalls gebräuchlich. Dauerwurst ist eine hochwertige Qualitätsware.*

# Die Wurst in Geschichte und Literatur

Die Technik, Fleisch durch Zugabe von Salz haltbar zu machen, ist außerordentlich alt. Schon die Sumerer und die Babylonier waren darin erfahren.

In China ist ein der europäischen Rohwurst ähnliches Produkt seit 2600 Jahren unter dem Namen *Lup Cheong* bekannt. Es besteht aus Ziegen- oder Lammfleisch, heute auch Schweinefleisch mit Speck, Zucker, Zwiebeln, Sojasauce, Ingwer und Pfeffer. Diese Wurst wird in dünne Schweinedärme gefüllt und sofort bei etwa 45 Grad Celsius und hoher Luftfeuchte für fünf bis sechs Stunden getrocknet. Nach mehrtägigem Reifen ist die Wurst fertig. Sie wird jedoch nicht kalt, sondern nur warm als Bestandteil eines pfannengerührten Gerichtes verzehrt.

## Die Wurst im alten Rom

Die Römer verstanden es, Wurst in vielerlei Varianten herzustellen und sie geschickt sowohl in der Küche der Schlemmer als auch der Freßsäcke einzusetzen. So berichtet der Schriftsteller Petronius in seinem Werk »Das

Gastmahl des Trimalcius« von einem gekochten, ganzen Schwein, das prall mit Würsten aller Art gefüllt war.

Im Rom nach Beginn unserer Zeitrechnung gab es ein Gesetz, die sogenannte Lex Porcella, die Regelungen zur Herstellung von Roh- und Kochwürsten enthielt. Darin finden sich auch nach Art des Produktes differenzierte Berufsbezeichnungen: Der Speckverarbeiter, der »Lardarius«, durfte zwar auch Rohwurst herstellen und verkaufen. Aber der eigentliche Spezialist für Rohwurst war der »Salsamentarius«, der auch für Rohschinken zuständig war. Die Produzenten von Kochwürsten nannte man »Botularii«. Die Rohwürste hießen bei den Römern *taniacae.* Verschiedene kleine Würste trugen die Bezeichnung *circella, tomacina* oder *incisia,* während unter *pendulus* eine große dicke Wurst zu verstehen ist. Luftgetrocknete kleine Würste dienten beim römischen Militär als allerorten leicht verfügbare Zwischenmahlzeit und auch als eiserne Reserve.

In dem unter dem Namen des Marcus Caelius Apicius, einer der berühmtesten Feinschmecker der Antike, bekannten Kochbuch wird ein Rezept für geräucherte Würste aus der römischen Kaiserzeit angegeben, das verkürzt folgendermaßen lautet: Gut zerkleinertes, rohes Schweinefleisch wird mit zerstoßenem Pfeffer, Kümmel, feingeschnittenem Borretsch, Weinraute, Petersilie und Lorbeerbeeren vermischt. Dazu gibt man Fischlake, ganze Pfefferkörner und Pinienkerne. Alles wird gut durchgearbeitet, in Darm gefüllt und einige Tage geräuchert.

Die Verwendung von Fischlake mag uns gruseln, aber die beim Einsalzen von rohem Fisch entstehende Lake wurde damals nicht weggeschüttet, sondern diente als Salzlieferant für viele Fleischzubereitungen. Salz war ja teuer!

Auch nach dem Zerfall des Römischen Reiches waren Wurstwaren ein kulturelles Überbleibsel, das in Gallien, im Franken- und Karolingerreich sehr beliebt war.

## Das Wurstmittelalter

Das Mittelalter hat zwar viel zum Bau von Kirchen und zur Entwicklung von Aberglauben beigetragen, aber über eine lebensmitteltechnologische Entwicklung in diesem Zeitraum ist hier wenig Freundliches zu sagen.

Immerhin sind selbst zu dieser Zeit die römischen Techniken nicht ganz untergegangen, und so wird im 13. Jahrhundert über die berühmt gewordene *Wurst von Arles* in Frankreich berichtet. Diese bestand damals aus einer Mischung von Eselfleisch und Fleisch von Stieren aus der Camargue und hatte daher einen intensiven Geschmack. Heute werden dafür nur noch Rindfleisch und Schweinebauch verwendet.

Aus der Zeit um etwa 1450 ist eine Beschreibung der Herstellung von Wurst überliefert. Diese stammt von Meister Martino, dem Koch des Patriarchen von Aquileia in Italien. Der Schriftsteller Tanara gibt in seinem Werk »L'economia del cittardino in villa« eine Übersicht über die verschiedenen Salami- und Cervelattypen. Er erwähnt dort die knoblauchhaltige Fiorentina-Salami und eine Art Salami, die aus grobgehackter Leber in Schweinespeck bestand. Als außergewöhnlich wurde eine Art Mettwurst aus Bologna gerühmt. Dieser wurde etwas Parmesankäse zugesetzt, und ihre Würzung enthielt Pfeffer, Zimt, Nelken, Ingwer, Safran, Moschus und Rosenwasser.

## Neuzeitlicher Siegeszug der Salami & Co.

Die Salami wird auch im Jahre 1521 von Merlino Cocai in seinem »Opus maccaronicum« erwähnt. Richtig bekannt wurde sie in Europa aber erst im 18. und 19. Jahrhundert. Durch italienische Metzger oder Reisende wie den Fürsten Pückler wurde sie nach Ungarn, Österreich, Deutschland und Frankreich gebracht und dort schnell so beliebt, daß sich Hersteller vor Ort an ihr versuchten. Mit den Einschränkungen, die das andersartige Klima vorgab, sollten sich dabei bald erste Erfolge einstellen.

Die Technik der Salamiherstellung hat sicher befruchtend auch auf die Kunst gewirkt, andere Rohwürste herzustellen. Die Salami ist wohl nicht die einzige Rohwurst, die schon seit Jahrhunderten bekannt ist. Dazu gehören auch die Cervelat- und die Mettwürste, von denen die *Gothaer Cervelat-* und die *Göttinger Mettwurst* die berühmtesten waren. Auch in Spanien und auf dem Balkan entwickelten sich bald exzellente Sorten.

Im Jahre 1662 beschreibt ein unter dem Pseudonym »Marcus Knackwurst« publizierender Schriftsteller die *Braunschweiger Schlackwurst,* die in dicken Darm gefüllt wurde, so:

»Und wird auff gut deutsch dieselbe genennet eine Schlackwurst; und wird dieselbe allezeit gesparet bis zwischen Pfingsten und Johannes Tag, auff die lustigste Zeit des Jahres, nemlich (in der Vogelzeit) wenn Heinrich Fincke und seine Frau Anna Puss ins grüne spatziren und die kalte Küche mit sich nehmen, da stehet denn die Schlackwurst fornen an der Spitzen, und das ist das niedlichste Bisslein.«

Derselbe Schriftsteller macht sich noch im gleichen Jahr in seiner »Wurstologia et Durstologia nova et aucta« über die Listen und Tricks der Metzger lustig, in Würste auch das hineinzustecken, was wirklich nicht hineingehört. Die Versuchung dazu war groß, weil Würste damals sehr begehrt waren. Der französische Schriftsteller Rabelais karikierte die Wurstverehrung und die allgemeine Verfressenheit seiner Zeit in der Geschichte vom Pantagruel, der gegen eine Armee von Schlackwürsten, Schüblingen und anderen im Wurstland kämpfen muß.

In den »Goldenen Tischregeln« spricht der Freiherr von Münchhausen in der Mitte des 18. Jahrhunderts Wahres und Unwahres über Würste und Professoren: »Von Würsten laß mich schweigen. Schon der bloße Gedanke an sie lockt mir Tränen der Dankbarkeit in das Auge. Sie haben mir die angenehmsten Stunden meines Lebens bereitet. Was Göttingen und Braunschweig in diesem Betrachter geleistet, steht in den unauslöschbaren Blättern der Weltgeschichte. Der Ruhm der Göttinger Würste hat den der Universität überlebt. In einer Göttinger Wurst steckt oft mehr Genießbares als in einem Göttinger Professor.«

Ein Italienkenner des vorigen Jahrhunderts, Ferdinand Gregorovius, berichtet, wie »geschmackvoll« die römischen Metzger ihre Läden zur Osterzeit schmückten: »Sobald die Fastenzeit vorüber ist, verwandeln sich ihre Läden in kleine Tempel, in denen irgendeine köstliche Wurst als Gottheit, als mythische Göttin Salami verehrt zu werden scheint. Wie in den Totenkapellen die Wände mit Schädeln und Menschengebein überkleidet sind, so macht der Metzger seinen Laden zu einer graziösen Wurstkapelle. An der Decke hängen zahllose Wurstmosaiken, und Würste schweben hier phantastisch unter bunten Blumen, Lorbeer und Myrtenzweigen. In der Mittelwand wölbt sich eine mysteriöse Grotte, und darin dreht sich – zwischen Schinken und Würsten – die Passion Christi.«

Man sieht, wie Würste Objekte allgemeiner kulinarischer Hochachtung waren. Beredtes Zeichen dafür waren und sind die zahlreichen Wurstmärkte und Wurstfeste. Wobei schon sehr früh Guinness-Buch-reife Rekorde aufgestellt wurden: Im Spätmittelalter war es vielerorts üblich, in Prozessionen mit Riesenwürsten zu prunken. In Nürnberg beispielsweise brachte es eine Bratwurst auf 493 Ellen (etwa 650 Meter) Länge, und in Königsberg trugen 103 Fleischergesellen eine Riesenwurst von 885 Pfund Gewicht.

*Schon die Römer verstanden es, Dauerwürste herzustellen. Aber erst die Neuzeit brachte den großen Qualitätssprung nach vorn. Italienische Salami und Göttinger Schinkenwurst wurden schnell berühmt.*

# Die Geheimnisse der Dauerwurstherstellung

Vor fast 2000 Jahren kam ein Metzgergeselle auf die (scheinbar) verrückte Idee, zerkleinertes Fleisch und Speck in einen Darm zu stopfen und das Ganze an der Luft zu trocknen. Das Wesentliche dieses Verfahrens ist seit Jahrhunderten unverändert geblieben, wenn auch die Klimatechnik die Launen des Wetters regeln half. Während man früher nur im Winter schlachtete, um Fleisch und Speck rasch abkühlen zu können, ist es heute dank der Klimatechnik möglich, beinahe jede gewünschte Kombination von Temperatur, Luftfeuchte und Luftbewegung einzustellen.

So können die folgenden Arbeitsschritte der Rohwurstherstellung eigentlich überall eingehalten werden:

- ▷ Zutaten tiefkühlen
- ▷ Fleisch und Speck grob schneiden
- ▷ Fleisch und Speck bei –5° C zerkleinern
- ▷ Pökelstoffe zugeben
- ▷ Gewürze und Zutaten bei maximal 4° C zugeben
- ▷ Mischen
- ▷ Wurstmasse in Darm füllen
- ▷ Reifung bei 14 bis 20° C

▷ Räuchern oder Lufttrocknen
▷ Nachreifung

Wenn das alles so einfach ist, wird man sich fragen, warum dieses Büchlein nicht hier schon zu Ende ist. In den folgenden Kapiteln wird sich zeigen, daß es nicht genügt, Fleisch und Speck kleingeschnitten in Darm zu stopfen und dann der Mutter Natur oder der Mutter Technik zu überlassen.

## Die Qual der Fleischwahl: Ältere Tiere gefragt

Das Fleisch, das beim Metzger zum Verkauf ausliegt, läßt sich nicht zu Rohwurst verarbeiten, denn es hat einen viel zu hohen Keimgehalt für diesen Verarbeitungszweck. Das gilt auch für länger transportierte Schweine- oder Rinderteile und für tiefgekühltes Fleisch. Da der hohe Keimgehalt sich ungünstig auf die Reifung auswirken kann, verwendet man für Qualitätsrohwurst nur Fleisch von frisch geschlachteten Tieren.

Schweine- oder Rindfleisch, das man beim Metzger zum Braten oder Kochen kauft, ist zur Rohwurstherstellung nicht geeignet, weil es fast immer von Jungtieren stammt, deren Fleisch weniger aromatisch ist und noch zuviel Wasser enthält. Daher nimmt man das Fleisch von ausgewachsenen, älteren Sauen oder Kühen. In südeuropäischen Ländern bevorzugt man dazu gut ausgemästete Sauen von mindestens 130 Kilogramm, oft auch bis 165 Kilogramm Lebendgewicht. Der Zusatz von Rindfleisch ist dort nicht so häufig wie hierzulande.

In islamischen Ländern darf natürlich kein Schweinefleisch verwendet werden. In der Türkei werden daher nur

Rind- und Schafwürste hergestellt. Statt des Specks vom Schweinerücken wird dort das Fett des Fettschwanzschafes genommen. Daher zeichnen sich diese Würste durch ein außergewöhnliches Aroma aus.

Die Tierrasse oder die Haltungsbedingungen haben keinen wesentlichen Einfluß auf die Qualität der Wurst. Für die Art und Form des Futtermaterials gilt das jedoch nicht. Die besten Qualitäten werden erzielt, wenn die Tiere mit trockenem Futter, z.B. Getreide oder Maisschrot, ernährt werden. Allerdings hat es kaum wesentlichen Einfluß auf die chemische Zusammensetzung des Fleisches oder Fettes vom Schwein, ob man die zusätzliche Eiweißfütterung – Schweine sind ja Allesfresser – mit Fischmehl, Molke oder künstlicher Aminosäure durchführt.

## Das Schlachten und die Wurstqualität

Sehr bedeutend für die Qualität von Wurst ist der körperliche und psychische Zustand der Tiere vor der Schlachtung. Ganz wesentlich ist es, daß die Tiere ausgeruht und ohne Streß getötet werden. Hinsichtlich der Fleischqualität gefürchtet sind das PSE- und das DFD-Fleisch, die beide durch krankhafte Veränderungen der Muskulatur entstehen.

Dabei bedeutet PSE pale (blaß), soft (weich) und exudative (wäßrig). Und unter DFD versteht man dunkles (dark), festes (firm) und trockenes (dry) Fleisch.

Das blaßrote bis grauweiße und wäßrige PSE-Fleisch zeigt eine nur geringe Safthaltung und ist vor allem eine Folge der beim Schlachten auftretenden Streßbedingungen für das Tier. Durch den Schlachtstreß entstehen hohe Konzentrationen von Milchsäure im schlachtfrischen Fleisch und niedrige pH-Werte. Niedrige pH-Werte zeigen eine hohe Säurekonzentration an, hohe pH-Werte geringe Säure.

Auch das dunkle, feste und trockene DFD-Fleisch ist eine Folge der Streßsituation vor und beim Schlachten. Es ist dunkelrot, leimig und nur wenig haltbar. Der Schlachtstreß hat hier bewirkt, daß die Glykogenreserven im Muskel aufgebraucht sind. Daher kann nach der Schlachtung nur wenig Milchsäure gebildet werden, und der pH-Wert bleibt hoch.

Zur Herstellung von Qualitätsrohwürsten ist weder PSE- noch DFD-Fleisch geeignet, ebensowenig Fleisch von Schnellmasttieren. Allenfalls PSE-Fleisch kann in kleinen Anteilen mit »normalem« Fleisch verarbeitet werden. Zur Herstellung von Rohwurst soll der pH-Wert bei 5,4 bis 5,8 liegen. Direkt nach dem Schlachten beträgt der pH-Wert 7,0.

Beim »normalen«, ohne Streß geschlachteten Tier ist 18 bis 20 Stunden nach dem Schlachten das Minimum des pH-Wertes erreicht. Er beträgt dann etwa 5,5, nach 24 Stunden ist er wieder etwas höher. Durch den niedrigen pH-Wert ziehen sich die Muskeln zusammen, und es tritt intrazelluläre Flüssigkeit aus. Dies wiederum ist günstig für die Aufnahme von Salz und Pökelstoffen in das Fleisch. Außerdem bewirkt der niedrige pH-Wert, daß sich ein Teil des chemisch und physikalisch fest gebundenen Wassers im Fleisch in nur leicht gebundenes Wasser umwandelt. Dadurch läßt sich die Wurst leichter trocknen.

Bei der Verwendung von Rindfleisch für Rohwurst ist es

wichtig, daß dieses sorgfältig von seinem Fett befreit wird, weil Rinderfett während der Reifetrocknung einen unangenehmen Geruch und Beigeschmack entwickelt. Rindfleisch wird u.a. deswegen zugegeben, weil es fester und kräftiger in der Farbe ist.

## Das Aroma liegt im Speck

Qualitätsrohwurst wird mit frischem, entschwartetem Rükkenspeck vom Schwein hergestellt. Rückenspeck hat einen Schmelzpunkt, der mit etwa 35 Grad Celsius deutlich unter der menschlichen Körpertemperatur liegt. Die Aufnahme dieser Fettart wird dadurch wesentlich erleichtert. Rückenspeck enthält auch deutlich mehr ungesättigte essentielle Fettsäuren als Darm- oder Bauchfett (Flomen). Für einfache Qualitäten wird auch Flomen verwendet, der jedoch nach der Reifung der Wurst schneller verdirbt.

Der Speck soll nach dem Schlachten und großzügigen Entschwarten nicht lange abhängen, jedoch gut durchkühlen. Auf jeden Fall muß die Kühltemperatur gut unter plus zwei Grad Celsius liegen, weil der Speck andernfalls in ungünstiger Weise chemisch abgebaut wird.

Rückenspeck soll schön weiß sein und keine blutunterlaufenen Stellen und Stoßflecken aufweisen. Zur Verarbeitung wird der Speck bei minus zwölf Grad Celsius gefroren. Dadurch läßt er sich gut schneiden, und er wird beim Schneiden nicht zu warm. Im Gefrierhaus länger gelagerter Speck ist für Dauerwurst ungeeignet. Es muß schon schlachtfrischer Speck sein.

Wieso enthält Dauerwurst überhaupt Speck? Er wird

doch ranzig, und wie am Beispiel des Bündner Fleisches zu sehen ist, geht es auch ganz ohne Speck. Der wesentliche Grund dafür ist, daß Fett viel leichter als Fleisch die eigenen oder zugesetzten Aromastoffe aufnehmen und halten kann. Der Speck erhöht also die Qualität einer Rohwurst und ist keinesfalls ein dickmachendes Beiwerk!

Aus geschmacklichen Gründen kann der Fettgehalt kaum unter zehn Prozent liegen, es sei denn, es wird pures Rindfleisch verwendet.

## Sortenreichtum dank vielfältiger Zerkleinerungsmöglichkeiten

Bevor Fleisch und Speck nach dem Schlachten verarbeitet werden können, muß man beides ausreichend tief kühlen. Die Kühltemperatur hängt vom Grad der Körnung ab, die die Wurst später haben soll: Für feinstgekörnte Rohwurst muß man auf mindestens minus zehn Grad Celsius herabkühlen. Bei grobgekörnter Wurst genügt im Sommer eine Temperatur von null bis plus zwei Grad Celsius, im Winter von plus fünf Grad Celsius.

Die Zerkleinerungsmaschine, die der Metzger »Kutter« nennt, wird vor der Benutzung auf Temperaturen unter Null gekühlt. Die Messer müssen scharf sein, damit keine Reibungswärme im Fleisch entsteht. Das in ausreichend kleine Stücke vorgeschnittene Fleisch wird im Kutter oder im Fleischwolf auf die gewünschte Körnung zerkleinert. Ob man das ganze Fleisch auf einmal, einen Teil grob, den anderen fein zerkleinert, den Speck gleich hinzugibt oder nicht, hängt vom Typ der Wurst ab. Allein die vielfältigen

Zerkleinerungsmöglichkeiten lassen einen großen Sortenreichtum erwarten.

Das Zerkleinern des Fleisches und des Specks ist sehr wichtig für das arttypische Schnittbild der Rohwurst. Das Spektrum des Zerkleinerungsgrades reicht von der »staubfeinen« Cervelatwurst über die Salami bis zur sehr groben Plockwurst. Dabei ist es keineswegs so, daß fein zerkleinerte Wurst die »feinste« sein muß. Wo nicht genaue Herstellungsvorschriften bestehen, werden mit hoher Wahrscheinlichkeit auch Fleisch oder Speck minderer Qualität zugesetzt.

In frühen Zeiten zerkleinerte man das Fleisch und den Speck mit Hilfe des Wiegemessers. In Italien, Frankreich und Spanien wird es ebenso wie der einfache Fleischwolf noch bei der Herstellung von Rohwürsten auf Bauernhöfen benutzt.

Die zum Vermischen mit den anderen Zutaten fertige Wurstmasse soll nun einen pH-Wert um 5,8 und einen $a_w$-Wert von etwa 0,96 haben. Der $a_w$-Wert ist ein Maß für den Gehalt an freiem Wasser; bei reinem Wasser beträgt er 1,0, bei frischem Fleisch 0,98, bei Speck 0,87, bei ungarischer Salami 0,82 und bei vollkommen wasserfreien Stoffen null.

## Erlaubte Konservierungsstoffe und Gewürze

Keine Wurst besteht nur aus Fleisch und Speck. Zum Konservieren braucht sie Salz und Pökelstoffe, und zur geschmacklichen Verfeinerung werden ihr Gewürze zugegeben. Auch Zuckerstoffe sind zulässig.

In der Bundesrepublik Deutschland wird die Produktion von Wurst durch die Fleischverordnung geregelt. Nach dieser Verordnung sind folgende Grundsätze zu beachten: Das Produkt muß gesundheitlich unbedenklich sein. Ganz wesentlich ist, daß alle nicht ausdrücklich zugelassenen Zusätze und Hilfsstoffe verboten sind.

Für schnittfeste Rohwürste sind verschiedene Zusatzstoffe zugelassen. Jeder dieser Stoffe hat eine Zulassungsnummer der Europäischen Gemeinschaft bekommen, die mit »E« anfängt:

Nitritpökelsalz, E 251: Es besteht aus 0,5 Prozent Natriumnitrit und Kochsalz. In der Rohwurstmasse dürfen höchstens 0,1 Gramm Nitrit und Nitrat (berechnet als $NaNO_2$) auf ein Kilogramm Rohwurst enthalten sein.

Salpeter, E 252: Das ist Kaliumnitrat. Es ist nur noch bei mindestens vier Wochen lang gereiften Rohwürsten erlaubt. Für die Mengenbegrenzung in der Wurst gilt das gleiche wie beim Nitritpökelsalz.

Natrium-L-Ascorbat, E 301: Dies ist ein Salz des Vitamin C und dient zur Umrötung des Fleisches.

Natrium-, Kalium- oder Calciumsalze der Wein- oder Zitronensäure, E 331, 332, 333 und 337: Diese sind als Hilfsstoffe bei der Zerkleinerung zugelassen, höchstens aber mit 0,3 Prozent.

Natrium- oder Kaliumdiphosphat, E 450 a: Als Hilfsstoff bei der Zerkleinerung zu höchstens 0,3 Prozent zugelassen.

Gluconsäure-delta-Lacton (GdL) ist – lax ausgedrückt – ein Abbauprodukt des Traubenzuckers und dient zur Schnellreifung von Wurst, indem es zur schnellen Absenkung des pH-Wertes beiträgt, zur Beschleunigung der Umrötung und der Ausbildung der Schnittfestigkeit führt. Davon sollten höchstens 0,8 Prozent zugesetzt werden. In der Wurst wirkt GdL leicht sauer, weil es Gluconsäure abspaltet. Außerdem beeinflußt es den Speck ungünstig.

Zucker und Zuckerstoffe sind mit einer Menge von bis zu zwei Prozent zugelassen.

Außerdem zulässig ist Kaliumsorbat, E 202, das man zur äußerlichen Behandlung der Rohwurstoberfläche verwenden kann, um das Wachstum von Schimmel zu hemmen. Die Mengenbegrenzung beträgt 1,5 Gramm pro Kilogramm Wurst, die mit der Angabe »Oberfläche mit Sorbat behandelt« gekennzeichnet sein muß.

Bei luftgetrockneten Würsten ist es auch erlaubt, die Därme oder Hüllen der fertigen Wurst mit Talkumpuder oder Reismehl zu bestreuen.

Bei frischem, schlachtwarmem Fleisch sind die Zusätze E 301, 332, 333, 337 und 450 a sowie GdL gar nicht zugelassen. Ein Schlachtermeister, der sein frisch geschlachtetes Fleisch direkt in seine Wurstproduktion überführt, braucht beinahe nichts von den genannten Chemikalien und spart damit Geld.

### *Salzen und Pökeln*

Unter Pökeln versteht man die Zugabe von Salz und entweder Natriumnitrit oder Salpeter (Kaliumnitrat) zu der zerkleinerten Fleisch-Speck-Masse. Zwar hat das Pökeln zunächst das Ziel, diese Masse zu konservieren, also vor dem Befall schädlicher Mikroorganismen zu schützen. Aber es ist außerdem ganz wichtig für die Umwandlung des Fleischeiweißes in leichter verdauliche Eiweißformen. Dazu ist eigentlich kein Nitrit erforderlich, sondern in Zusammenarbeit mit den fleischeigenen Enzymen, den Proteasen, genügt das Kochsalz dafür. Warum setzt man dennoch die Pökelstoffe Nitrit bzw. Nitrat zu?

Die im Fleisch enthaltenen roten Farbstoffe Hämoglobin und Myoglobin sind licht- und sauerstoffempfindlich. Die Zugabe von Nitrit bewirkt, daß der Luftsauerstoff die beiden Farbstoffe nicht angreifen kann, weil das aus dem Nitrit entstehende Stickstoffmonoxid chemisch in das Hämo- und Myoglobin eingebaut wird. Das entstandene Produkt ist ebenfalls rot, aber sogar kochstabil. Diesen Vorgang nennt der Metzger »Umrötung«.

Nitrat bildet mit Hilfe von Mikroorganismen nur langsam Stickstoffmonoxid, bei Nitrit geht es wesentlich schneller. Die Nitratpökelung ist besser, weil die langsame Umrötung bessere Wurstqualität bewirkt. Nitratzusatz erfordert längere Reifezeiten. Solche Würste sind mikrobiologisch empfindlicher und daher auch teurer. In Italien ist die Zugabe von Nitrat auf 0,3 bis 0,5 Gramm pro Kilogramm Wurst begrenzt.

In der Bundesrepublik darf Nitrit nicht gleichzeitig mit Nitrat angewendet werden. Auch bei Brat-, Weiß- und Kochwürsten darf es nicht zugegeben werden. Die Nitritzugabe dient neben der Umrötung auch der Unterdrückung der Salmonellenentwicklung in den ersten Tagen nach dem Abfüllen in den Wurstdarm. In Italien ist der Nitritzusatz nicht erlaubt.

Die Frage, wieviel Kochsalz zur Rohwurst zuzugeben ist, läßt sich nicht so einfach beantworten. Der schmale Weg zwischen zu niedriger und zu hoher Salzzugabe wird von vielen Faktoren beeinflußt. Bei Dauer-Rohwurst sind 25 bis 37 Gramm je Kilogramm Wurstmasse erforderlich. In der

*Die Mailänder Salami oder Salame Milano ist wohl die bekannteste der ca. 40 verschiedenen italienischen Salamisorten.*

*Nach traditioneller Art wird die Salame Milano in der Regel aus je einem Drittel Schweinefleisch, Rindfleisch und Speck hergestellt. Die Salame Milano zeigt ein sehr feinkörniges Schnittbild.*

*Für die Qualität seiner Wurstwaren bekannt ist der italienische Hersteller Negroni (hier eine Salametti).*

fertigen Wurst sind es dann 30 bis 45 Gramm pro Kilogramm. Auf jeden Fall ist eine gewisse Menge aus mikrobiologischen Gründen notwendig.

*Zucker für die Kleinsten*

Die Absenkung des pH-Wertes nach dem Schlachten wird vorwiegend durch die Milchsäure bewirkt, die als Stoffwechselprodukt der gleichnamigen Bakterien entsteht. Die Milchsäurebakterien benötigen als Futter Kohlehydrate. Deshalb setzt man dieser Form verschiedene Zuckerstoffe zu. Die zuzugebende Menge Zucker hängt vom pH-Wert des Pökelgutes und der Temperatur bei der nachfolgenden Reifung ab. Als optimal hat sich eine Zugabe von 0,2 bis 0,3 Prozent erwiesen.

Chemisch unterscheidet man Einfachzucker (z.B. Fructose, Dextrose, Galactose), Doppelzucker (Saccharose, Lactose, Maltose) und Vielfachzucker (Stärke). Die Einfachzucker können durch Bakterien direkt zu Säuren abgebaut werden und so den pH-Wert schnell absenken helfen. Die anderen Zucker müssen von den Bakterien erst zu Einfachzuckern umgewandelt werden. Setzt man alle drei Zuckerarten zu, so wird die Säurebildung über eine längere Zeit verteilt, wodurch die mikrobielle Sicherheit des Produktes erhöht wird. Bei der industriellen Wurstherstellung nimmt man daher Trockenstärkesirup, der aus 30 bis 40 Prozent Einfachzuckern besteht; der Rest ist Maltose und Stärke.

*Keimfreie Würzzutaten*

Während man in der Küche mit Gewürzen recht sorglos umgehen kann, ist es bei der Rohwurstherstellung wichtig, ausreichend keimarme Zutaten zu haben. Schon bei der Ernte, der Trocknung und der Zerkleinerung kommen Gewürze in erheblichem Maße mit Bakterien, Pilzsporen und anderen Mikroorganismen in Berührung. In einem so schön feuchten Medium wie frischer Rohwurstmasse leben diese Störenfriede natürlich auf. Deshalb werden Gewürze zur Wurstherstellung oft durch radioaktive Bestrahlung entkeimt, oder es werden sterile Extrakte verwendet. Feiner und gesünder ist es aber, die Gewürze vorher in Weinbrand oder Gin einzulegen.

Die am häufigsten zugegebenen Gewürze sind: schwarzer und weißer Pfeffer, Knoblauch, scharfe Peperoni, Paprika, Muskat sowie Weiß- und Rotwein.

*Schimmel auf und Bazillen in der Wurst?*

Um die Vermehrung von unerwünschten Mikroorganismen schon in der Rohwurstmasse zu vermeiden, wurden vor etwa zehn Jahren Bakterienkulturen entwickelt. Diese werden gefriergetrocknet zusammen mit den Gewürzen zugegeben.

Es handelt sich dabei um Kombinationen von Staphylococcus carnosus und Lactobacillus plantarum. Der erste sichert einen schnellen Abbau von Nitrat zu Nitrit und weiter zu Stickstoffmonoxid, das sich mit dem Myoglobin des Fleisches zu der roten Pökelfarbe Nitrosomyoglobin verbindet. Es trägt auch zur Gelbildung und damit zur besseren Bindung und Festigkeit der Wurst bei. Die Lactobazillen beschleunigen den Abbau von Zuckern zu Milchsäure (ph-Wert-Senkung).

Für luftgetrocknete Rohwurst wird eine Kombination von Staphylococcus carnosus und Streptomyces griseus verwendet. Letzterer ist ebenfalls nitratreduzierend und fördert die Aromabildung. Besonders beliebt ist der von der Bundesanstalt für Fleischforschung in Kulmbach entwickelte »Edelschimmel Kulmbach 72«. Er besteht aus Penicillium nalgiovense. Außen entwickelt sich ein weißer Schimmelrasen mit guter Aromabildung, Schutz vor Austrocknung und Luftsauerstoff. Außerdem kommt auch der Hefestamm Debaryomyces hansenii zur besseren Aromabildung zum Einsatz. Den äußeren Schimmelrasen bildet man dadurch, daß man die Würste nach dem Einfüllen in Därme in Lösungen der genannten Edelschimmelsporen taucht und so abtrocknen läßt.

## Nichts geht über Naturdärme

Nachdem das zerkleinerte Fleisch mit allen anderen Zutaten vermischt worden ist, muß die Masse sofort in Natur- oder Kunstdärme gefüllt werden. Zum Füllen brauchte man früher lediglich einen Trichter und Wurstgarn. Heutzutage sind spezielle Maschinen nicht nur schneller, sondern auch hygienischer. Beim Füllen muß man darauf achten, daß alle Luftblasen entweichen. Dann wird zugebunden oder der Darm abgedreht und mit Stahlklammern versiegelt. Zur Stützung dickerer oder längerer Würste können diese mehrmals quer oder längs gebunden werden. Bei manchen Sorten ist die Bindung festgelegt und somit typisch.

Därme gibt es in den Kalibern von 30 bis 120 Millimeter Durchmesser. Das Darmkaliber wirkt sich auf den Abtrocknungsprozeß am Ende der Reifung aus. Beim Kaliber

50 Millimeter wurden bereits Gewichtsverluste von mehr als 30 Prozent festgestellt. Die gleiche Wurst im Kaliber 90 wies nur einen Gewichtsverlust von 23 Prozent auf.

Von alters her werden Därme vom Schwein, Rind, Pferd oder Schaf verwendet. Der Metzger versteht hier unter »Darm« nicht nur den eigentlichen Dünn- oder Dickdarm, sondern alle Teile des Verdauungstraktes, also auch den Magen, den Mastdarm und die Harnblase.

Der Schrecken der Wurstmacher sind unzureichend gereinigte, entfettete, geschleimte und gewendete Därme. Sie bewirken Fehlfabrikate und damit Verluste. Die Herstellung von einwandfreien Wursthüllen ist eine arbeitsintensive und in hygienischer Hinsicht delikate Angelegenheit, die von einem Amateur nicht bewältigt werden kann. Beispielsweise müssen Därme vollständig von ihrem eigenen Fett befreit werden, weil dieses sehr leicht ranzig wird. Dickere Därme, Schweinemägen oder Harnblasen müssen mehrmals gewendet, dazwischen gewässert und in Salzlake gelagert werden. Ein Geheimtip unter den Rohwurstherstellern sind Pferdedärme, die auch die Produktion dicker Würste erlauben.

Schlachtfrische Därme sind zur Rohwurstherstellung nicht so gut geeignet, weil diese mindestens eine Woche in Salzwasser liegen müssen. Anschließend müssen sie zum Abtropfen lagern. Dickdärme oder Blasen werden mit Luft gefüllt, getrocknet und kalt geräuchert, damit sie hygienisch und farblich stabiler werden.

Naturdärme werden heutzutage in starkem Maße aus Ländern importiert, die zwar eine hohe Fleisch-, aber keine Wurstproduktion haben. Der größte Exporteur von Naturdärmen ist China.

Kunstdärme sind kostengünstiger als Naturdärme, und manche Würste sind darin länger lagerfähig. Hinsichtlich des Schrumpf- und Haftvermögens und der Durchlässigkeit für Feuchte aus dem Wurstinnern können Kunstdärme heutzutage der Wurst beinahe jeden Wunsch von den Poren ablesen.

Kunstdärme gibt es in drei Arten: aus Hautfaser, aus Zellulose und aus Kunststoff. Hautfaserdärme sind den Naturdärmen am ähnlichsten. Sie werden aus den Hautschichten gewonnen, die zur Lederherstellung aus Tierhäuten nicht benötigt werden. Man läßt diese Hautschichten in Säure quellen, bringt sie nach dem Wässern unter Druck in die gewünschte Form und trocknet sie danach. Zur Rohwurstherstellung werden in die Wände Salzteilchen eingelagert, damit sie bei der Reifung Feuchte aus der Luft anziehen und so die Darmhaut elastisch halten. Ungarische Salami wird häufig in solche Därme gefüllt.

Zellulosedärme werden aus viskoseähnlichem Zellstoff, einem Holzprodukt, in Schlauchform hergestellt. Solche Därme sind sehr elastisch und porös und können kugelig, quader- und eiförmig geformt werden.

Kunststoffdärme werden aus Polyvinylchlorid, Polyethylen oder Polyester hergestellt; sie lassen keinerlei Atmung zu und sind daher für Rohwürste nicht geeignet.

## Das Räuchern ist des Metzgers Lust

In Mitteleuropa werden fast alle Rohwürste nach dem ersten Abhängen im Darm geräuchert. Man mag dies auf traditionelle Gewohnheiten oder klimatische Notwendigkeiten zurückführen. In Südeuropa sind geräucherte Würste eher die Ausnahme.

Das Räuchern dient nicht nur zur Desinfektion der Wursthülle und trägt zu deren Farbgebung bei, sondern auch zur Aromatisierung der Wurst.

Zum Räuchern zugelassen ist frisch entwickelter Rauch aus naturbelassenem Holz, Zweigen, Heidekraut, Tannen- und Fichtenzapfen, Beeren und Gewürzpflanzen wie Wacholder, Salbei, Rosmarin, Thymian und anderen würzigen Gehölzen. Das Holz kann in Form von Scheiten, Reisig, Spänen oder grobem Sägemehl zum Glimmen gebracht werden. Torfrauch und Rauch von imprägniertem Holz sind in der Bundesrepublik verboten, weil darin krebsfördernde und toxische Stoffe enthalten sind.

Der Rauch enthält zahlreiche konservierende Stoffe. Dazu gehören: Formaldehyd, Acetaldehyd, Aceton, Phenol, Ameisensäure und Essigsäure. Die Verschwelung des Räuchermaterials verläuft am schnellsten bei 270 Grad Celsius, unter 250 Grad Celsius geht das wesentlich langsamer. Bei Temperaturen über 400 Grad Celsius wird das Holzmaterial beinahe vollständig verbraucht, und die oben aufgeführten Substanzen werden nicht mehr gebildet. Für die im Rauch enthaltenen krebsauslösenden Stoffe gilt in der Bundesrepublik ein Grenzwert von einem Mikrogramm pro Kilogramm Räuchergut.

Länger haltbare Räucherwurst muß kalt geräuchert werden. Das bedeutet, daß die Rauchtemperaturen im Bereich von 16 bis 18 Grad Celsius liegen müssen und 20 bis 22 Grad Celsius nicht überschreiten dürfen. Bei höheren Temperaturen könnten sich unerwünschte Bakterien zu stark vermehren. Neben der Temperatur muß auch die Luftfeuchte stimmen: Sie darf nicht unter 75 Prozent fallen und sollte anfangs bei 85 bis 90 Prozent liegen. Die Räucherzeit beträgt nur wenige Stunden.

Eine Spezialität aus Norddeutschland sind katengeräucherte Würste. In den Katen, den kaminlosen Bauernhäusern, hängt das Räuchergut unter dem Giebel über einer offenen Feuerstelle. Die Temperatur ist so gering wie beim Kalträuchern, jedoch ist die Rauchdichte niedriger, dafür die Räucherdauer länger. Dadurch ist das Aroma feiner ausgebildet.

Nach dem Räuchern müssen die Würste bei 12 bis 15 Grad Celsius nachreifen. Die Luftfeuchte soll dabei 75 bis 80 Prozent relative Feuchte betragen. Bei höheren Feuchten kann das Produkt verschimmeln. Um das unkontrollierte Verschimmeln zu vermeiden, kann man die Wurst auch mit Edelschimmel überziehen.

Eine weitere Form des Räucherns ist das Schwitzräuchern. Dabei hat der Rauch eine hohe Feuchte, so daß die Räucherwaren schwitzen. Das bewirkt, daß die Wursthülle elastisch bleibt und die Rauchbestandteile sich in der auf der Wurst niedergeschlagenen Feuchte auflösen. Das kann aber leicht zu einem zu intensiven Rauchgeschmack führen.

## Die Reifung der Wurst

Man könnte annehmen, die Würste würden nach dem Zubinden nun einfach irgendwo zum Reifen aufgehängt. Das ist aber nicht der Fall, denn man braucht anfangs etwas andere Bedingungen als während der nachfolgenden Reifewochen. Die (Reife-)Bedingungen sind dann optimal, wenn die Wurst während der ersten drei Tage mindestens fünf Prozent ihres Gewichtes verliert, jedoch in der Außenschicht nicht austrocknet. Die Temperatur sollte zu Beginn des Reifens etwas höher sein, und die Luftströmung muß so reguliert sein, daß die aus der Wurst austretende Feuchte von der sie umfächelnden Luft auch abtransportiert werden kann.

Bei der Reifung der Wurstmasse in der Hülle laufen zahlreiche biologische, chemische und physikalische Vorgänge ab, als deren Resultat nach einiger Zeit ein Produkt mit fester Konsistenz, stabiler roter Farbe und ausgeprägtem Rohwurstaroma entstanden ist.

Ganz wesentlich für die Reifung sind Temperatur und Zeit. Man kann um so kürzer reifen, je höher die Temperatur ist. Möglich sind z.B. Kombinationen von drei Tagen Reifezeit bei 35 Grad Celsius, wobei vorher eine Vorreifung von drei Tagen bei sechs Grad Celsius und anschließend eine Nachreifung von ebenfalls drei Tagen bei zehn Grad Celsius ablaufen kann. Solche Extremverfahren stellen jedoch die Ausnahme dar. Im allgemeinen werden 23 Grad Celsius nicht überschritten. Reifezeiten von drei Monaten sind bei den luftgetrockneten südeuropäischen Würsten durchaus üblich. In der Bundesrepublik reifen die Würste im Mittel 20 Tage. Zur besonders schnellen Herstellung von Rohwurst sind in den USA Temperaturen von 30 bis 40 Grad Celsius üblich. Dabei kann sich nicht nur kein Aroma bilden, sondern die Vermehrung von Staphylokokken und entsprechenden Enterotoxinen wird erheblich gefördert. Ein solches Produkt verdient den Namen Rohwurst eigentlich nicht mehr.

*Der Trockenvorgang*

Trocknen bedeutet trivialerweise, daß der Wurst Wasser entzogen wird. Dies gelingt jedoch nur für freies, nicht aber für chemisch oder physikalisch gebundenes Wasser. Der Anteil an freiem Wasser wird vom Fleischer durch den schon erwähnten $a_w$-Wert ausgedrückt. Bei $a_w$-Werten von weniger als 0,91 ist die Vermehrung von Salmonellen, Kolibakterien oder Streptokokken nicht mehr möglich. Aber da lauern noch Staphylokokken, Mikrokokken oder Pinsel- und Gießkannenschimmel darauf, die Wurst ungenießbar zu machen. Salzliebende Bakterien lassen sich auch durch $a_w$-Werte von 0,75 nicht liquidieren. Die Trocknung von rohem Fleisch ist also eine hygienisch diffizile Geschichte.

Zum Glück ist die Verringerung des $a_w$-Wertes nicht nur durch Trocknen, sondern auch durch Zugabe von wasserbindenden Stoffen möglich. Genau dazu ist das Kochsalz in der Wurst.

Die Trocknung führt natürlich auch dazu, daß die Wurst fester wird. Das geschieht aber nicht nur durch den Wasserverlust, sondern ebenso stark durch die Gelbildung des Fleischeiweißes. Durch das Gel wird überhaupt erst eine innige Verbindung zwischen Speckteilchen und Fleischbröckchen erreicht.

*Lufttrocknen: Naturreifung gegen Klimareifung?*

Im Zuge der Biowelle ist man leicht geneigt, die »natürliche« Reifung derjenigen in klimatisierten Räumen vorzuziehen. Das wollen wir einmal genauer abwägen.

Die Naturreifung ist das älteste Verfahren zur Reifung von Rohwurst. Früher standen keine klimatisierten Räume zur Verfügung, und so wurden die Würste in Räume mit ausreichend hoher Luftfeuchte und zugleich guter Lüftung gehängt. Da hohe Temperaturen die Reifung meist umkippen lassen, wurde eben nur in den kühleren Monaten geschlachtet und Wurst gemacht.

Das Naturreifeverfahren erfordert mindestens 20 Tage. In dieser Zeit bildet sich an der Wurstoberfläche ein schmieriger Belag, der regelmäßig mit lauwarmem Salzwasser abgewaschen werden muß. Dadurch leidet aber das Aroma in der äußeren Randzone, und die Wurst wird dort auch grau. Die Naturreifung ist beendet, wenn der Schmierbelag nicht mehr auftritt. Zu Beginn der Reifung kann man etwas Rauch in dem Reiferaum erzeugen; der Schmierbelag tritt danach nur vereinzelt auf.

Ein anderes Phänomen ist die sogenannte Wurstblüte, die aus einem weißlich bis gelblichen, unterbrochenen Belag besteht. Sie kommt bei der Lufttrocknung in südlichen Ländern sehr häufig vor und wird heute auch künstlich durch Beimpfen mit bestimmten Hefen erzeugt.

Im Naturreifeverfahren werden heute kaum noch Rohwürste hergestellt, weil dabei die Verluste durch hygienische Mängel hoch sein können. Auch Qualitätsware wird heute in großen Räumen hergestellt, in denen man Feuchte, Temperatur und Luftströmung einstellen kann. In den ersten Tagen (erste Phase) beginnt man mit hohen Feuchten um 90 Prozent und Temperaturen von 22 bis 25 Grad Celsius. Dann wird in der zweiten Phase auf 18 Grad Celsius und 80 Prozent Feuchte heruntergefahren. (In Südeuropa paßt man sich allerdings bei der Klimareifung der natürlichen Reifung an. Daher sind dort in der zweiten Phase höhere Temperaturen, 20 bis 22 Grad Celsius, und niedrigere Feuchten, 40 bis 50 Prozent, üblich.) Nach etwa zehn Tagen (dritte Phase) bringt man die Würste in einen Nachreiferaum mit 15, später 13 Grad Celsius und 75 Prozent Feuchte.

Die günstigste Luftgeschwindigkeit für die Abtrocknung beträgt anfänglich 0,5 bis 0,8 Meter pro Sekunde. Gegen Ende der Reifezeit sollte sie auf 0,1 Meter pro Sekunde abgefallen sein. Vor allem darf die Luft nicht immer nur von der gleichen Seite auf die Würste strömen, sie würde sonst Trockenränder bewirken.

Luftgetrocknete Rohwürste sind häufig an ihrem schönen weißen Schimmelpilzbelag zu erkennen. Einige luftgetrocknete Sorten werden auch leicht geräuchert und tragen dann keinen Schimmel. Sie können aber auch nachträglich damit beimpft werden. Auf jeden Fall ist der Schimmel völlig unbedenklich. Er besteht meist aus Penicillium-Arten. Auch Hefen, hier meist aus der Gattung Debaryomyces, sind oft dabei. Beide verhindern, daß das Fett ranzig wird und die Wurst zu stark austrocknet. Durch ihre Gegenwart tragen sie durch den Abbau von Fetten, Eiweiß und Milchsäure zu einem guten Aroma bei.

In den südeuropäischen Ländern sind 95 Prozent der Rohwürste luftgetrocknet und tragen eine Schimmelschicht, während bei den Nordlichtern die Räucherware im gleichen Maße dominiert.

*Schnellreifeverfahren und andere Methoden*

Durch die Zugabe von Gluconsäure-delta-Lacton (GdL) kann die Reifung wesentlich beschleunigt werden: Die Umrötung ist schon nach einem Tag beendet. Nach einem weiteren Tag kann die Wurst geräuchert werden, und nach sieben Tagen ist die Wurst schnittfest. Dieses Verfahren setzt die Zugabe von Starterkulturen aus Pilzen, Bakterien und Hefen zur Rohwurstmasse voraus. Qualitätsprodukte lassen sich damit aber nicht erzeugen, und mit der Haltbarkeit ist es ebenfalls nicht weit her.

Auch das Schwitzrauchverfahren ist ein Schnellreifeverfahren. Dabei werden ebenfalls Starterkulturen verwendet. Bei anfänglich 25 bis 27 Grad Celsius, später 16 Grad Celsius und fast 100 Prozent Luftfeuchte erreicht man schon nach zwei bis drei Tagen eine schnittfeste Wurst. Der Rauch kann auch weggelassen werden.

Die Lakereifung war früher gebräuchlich. Dabei wurde die Wurst nach dem Füllen der Därme in eine Lösung aus Kochsalz und Salpeter gelegt, mit Zusätzen wie Zuckerstoffen. Je nach Temperatur der Lake ist die Pökelung nach einigen Tagen beendet. Man läßt die Wurst abtrocknen und kann sie dann wie üblich räuchern oder lufttrocknen.

*Zur Herstellung von Salami & Co. füllt man rohes zerkleinertes Schweine- und anderes Fleisch sowie Speck in Därme. Die Wurstmasse enthält Salz, Nitrat und Gewürze. Die Wurst wird in klimatisierten Räumen geräuchert und dann luftgetrocknet oder nur luftgetrocknet.*

# Italien: Dauerwurst-Weltmeister

Fachleute schätzen, daß es mehr als 500 Sorten Rohwurst gibt, von denen die meisten zum Typ »schnittfest« bzw. »Dauerwurst« gehören. Diese Vielfalt ergibt sich nur zum geringsten Teil aus den Fleischsorten und der Würzung. Vielmehr spielen die Art und der Grad der Zerkleinerung von Fleisch und Speck sowie der zeitliche Verlauf von Temperatur und Feuchte während der Reifung die Hauptrolle. Denn mit diesen Faktoren wird das Werden und Vergehen der beteiligten Mikroorganismen gesteuert.

Ebenso wie beim Rohschinken muß man den italienischen Dauerwürsten die Goldmedaille zuerkennen. Sicher gibt es in anderen Ländern vereinzelt noch bessere Spitzenprodukte, aber eben nur vereinzelt.

## Die Salami

Die bekannteste italienische Dauerwurst ist natürlich die *Salami.* Es gibt mindestens 40 Salamisorten in Italien. Sie unterscheiden sich in der Körnung, im Gehalt an Schweine- und Rindfleisch, in der Dauer der Trocknung und in der

Würzung. Ursprünglich war Modena das Zentrum der italienischen Dauerwursthersteller. Aber heute sind die Salami aus anderen Gegenden ebenso berühmt. Je weiter man in Italien in den Süden kommt, um so kleiner, grobkörniger und schärfer trifft man die *Salame* an. Wie es der italienischen Grammatik entspricht, nennen wir von nun an eine einzelne Wurst dieser Sorte »Salame«. Die Mehrzahl ist »Salami«.

Die italienischen Salamisorten sind alle luftgetrocknet, bis auf die *Salame Napoli* und *Salame Secondigliano*, die leicht angeräuchert werden.

Es ist verständlich, daß ein solches Spitzenprodukt wie die Salame zur Nachahmung gereizt hat. So wird in beinahe jedem europäischen Land Salami hergestellt, wobei gelegentlich eine gewisse Ähnlichkeit mit dem Original erreicht wird. Aber einen Mercedes kann man auch nicht bei Ford kaufen, und selbst der Fiat Polski hat mit dem Turiner Fiat nichts zu tun. Diese Imitationen von echter Salami wollen wir vergessen.

Die Hersteller von Salami in anderen Ländern bezeichnen ihre Produkte gerne »nach Art«, also »nach Mailänder Art« oder »nach Veroneser Art«. Man lasse diese Sorten links liegen! Da spielen leider die nationalen Vorschriften und Verordnungen eine wichtigere Rolle als das Originalrezept. Hoffentlich wird durch die EG-Kommission hier nicht noch weiterer Einheitsmischmasch bewirkt, wie es schon beim Reinheitsgebot für Bier der Fall war.

Neben der Salame gibt es noch andere wunderbare Dauerwursterzeugnisse in Italien. Zu nennen wären die *Finocchiona*, der *Cacciatore*, die verschiedenen *Spianata*-Varianten und die vielen Soppressata. Und ganz und gar nicht vergessen sollte man die *Salsiccia,* also die italienischen Mettwürste.

Für die Salami gibt es in Italien folgende Qualitätsstufen: extra, prima, seconda, terza und inferiori. Die Einstufung hängt von der Qualität der Zutaten ab. Eine »Salame extra« darf nur Schweinefleisch enthalten, die anderen Qualitäten auch Rind- oder Pferdefleisch. Von dieser Vorschrift gibt es aber viele regionale Ausnahmen, z. B. bei der *Salame Milano,* die auch Rindfleisch enthalten darf.

*Die Salame Felino*

In Italien und im übrigen Europa wird die *Salame Felino* wegen ihrer »Süße« und ihres Duftes von alters her geschätzt. Sie besteht nur aus Schweinefleisch und Rückenspeck bester Qualität.

Ursprünglich stammt sie aus dem kleinen Ort Felino, 15 Kilometer südlich von Parma, wird aber heute auch in anderen, am Fuße des Gebirges gelegenen Orten der Provinz Emilia hergestellt. Ihre Qualität beruht nicht nur auf der Güte des ausgesuchten Fleisches, sondern auch auf dem geringen Salzgehalt (nur 2,8 Prozent!) und auf der langen Trocknung in natürlicher Luft, soweit es das Wetter erlaubt. Durch diese Bedingungen kann sich das charakteristische Aroma ausbilden. Dazu ist ein Klima mit möglichst wenig schwankender Temperatur, gutem Luftaustausch und nicht zu hoher Luftfeuchte erforderlich. Genau das findet man am Fuße des Apenningebirges bei Felino. Schon geringfügig höhere Luftfeuchte würde einen höheren Salzgehalt nötig machen, und die »Süße« wäre damit hin. Durch dieses Klima bildet sich auf der Salame Felino eine spezifische, aromabildende Mikroflora aus, die zur

Bildung typischer organischer Verbindungen, vor allem flüchtiger, d.h. mit dem Geruchssinn erfaßbarer Fettsäure und Ether führt.

Nach dem Schlachten muß das Fleisch zwölf Stunden durchkühlen. Danach wird es von Hand mit einem Messer in Stücke von vier bis sechs Zentimetern zerlegt und sorgfältig von Sehnen, Bindegewebe und Nerven befreit. Sodann breitet man das Fleisch auf einem Gitterrost aus und läßt es 24 Stunden bei zwei bis drei Grad Celsius und 80, dann 75 Prozent relativer Feuchte ruhen. Die Luftströmung beträgt dabei nur 0,1 bis 0,2 Meter pro Sekunde. Am nächsten Tag wird das Fleisch gewaschen, abgetrocknet und in einem Fleischwolf mit vier Messern zu je vier Klingen und Lochscheiben von sieben oder acht Millimetern zerkleinert.

Mit einer speziellen Maschine wird diese Masse mit dem grobgewolften Speck vermischt. Gleich danach werden auch die Pökelzutaten und die Gewürze zugegeben. Bei der Felino sind das pro Kilogramm Wurstmasse 28 Gramm feines Salz, 25 bis 35 Gramm Salpeter, 0,5 Gramm Pfefferkörner und 0,5 bis 0,8 Gramm zerdrückter, in Wein eingelegter Knoblauch. Nach weiterem Mischen wird die Masse in Schweinemitteldarm von etwa 50 Zentimetern Länge eingefüllt. Damit in der Wurst keine Hohlräume oder Risse entstehen, wird sie mit Kordel in einer sortentypischen Weise in weiten Abständen gebunden und aufgehängt.

Die nicht so dicke, aber recht lange Felino reift heutzutage bis drei Monate lang, wobei sie einen Gewichtsverlust von 25 Prozent erfährt. Gelegentlich findet man auch Würste, die sechs Monate Reifung hinter sich haben. Die Salami Felino wiegen meist 400 bis 500 Gramm, aber es gibt auch

Exemplare von 800 und mehr Gramm, die dann aber bis zu einen Meter Länge erreichen können. Der Fettgehalt einer Felino ist mit ungefähr 29 Prozent nicht sehr hoch.

Die Felino, in Scheiben genossen, zergeht auf der Zunge, so mild, aber doch würzig ist sie.

*Die Salame Milano*

*Mailänder Salami* oder *Salame Milano* wird heute beinahe ausschließlich industriell hergestellt. Deshalb dominieren Kunstdärme mit Netzimitation. Einige traditionsbewußte Betriebe füllen die Wurstmasse wie früher in Schweineblinddarm (»Butte«) oder Schweinemastdarm (»Schlakke«), legen die frische Wurst für einige Stunden in Pökellake und lassen sie danach abtrocknen. Man läßt sie dabei einen Tag ruhen, ohne die Enden abzubinden. Sodann werden die etwa 25 bis 35 Zentimeter langen Würste mit Strohhalm belegt, die mit Wurstgarn festgebunden werden. Die Bindung ist dabei jeweils typisch für die Sorte. Die Mailänder wird der Länge nach sechs- bis achtmal und einige Male rundherum gebunden.

Die so verschnürten Würste müssen nun vier bis fünf Wochen vorreifen. Dazu werden sie einzeln an Stöcken in einem Raum mit etwa 18 Grad Celsius zum Durchröten und Abtrocknen aufgehängt. Sie werden regelmäßig mit lauwarmem Wasser abgewaschen, um die aus Mikroorganismen bestehende Schmierschicht zu entfernen. Wenn diese Schicht nicht mehr auftritt, beginnt die Endreifung in der Luft: Die Würste werden noch einmal abgewaschen, aufgehängt und etwa sechs Monate in frischer Luft gereift.

Die industriell hergestellte Mailänder Salami kann sich in der Regel durchaus mit der nach traditioneller Art gefertigten messen. Jedenfalls besteht sie zu je einem Drittel aus Schweinefleisch, Rindfleisch und Speck; es gibt auch welche ohne Rindfleisch. Die Hersteller bevorzugen das Fleisch älterer Schweine.

Wie man die Wurstmasse herstellt, soll im folgenden beschrieben sein: Nach dem Schlachten wird das auf ein bis drei Grad Celsius gekühlte Schweinefleisch in kleine Stücke von einem Zentimeter geschnitten, durch den Fleischwolf gedreht und mit dem in gefrorener Form kleingeschnittenen Speck vermengt, bis alle Zutaten schließlich in Reiskorngröße vorliegen und gleichmäßig in der Masse verteilt sind. Aus diesem Grund bietet die Salame Milano ein sehr feinkörniges Schnittbild.

Das Rindfleisch wird separat auf Stückchen von fünf Millimetern zerkleinert und zu dem Schweinefleisch-Speck-Gemisch gegeben. Die Kunst dieser Prozedur besteht darin, daß das weiße Erscheinungsbild des Specks von dem roten des Fleisches sauber getrennt bleibt.

An weiteren Zutaten kommen pro Kilogramm hinzu: 35 Gramm Salz, 30 Gramm Salpeter, ein Gramm gebrochener Pfeffer, ein Gramm zerstoßener, dann in Weißwein oder Chianti eingelegter Knoblauch.

Da kein Zucker zugegeben wird und der Wein davon fast nichts enthält, entwickeln sich hier nicht die Laktobazillen als Herrscher der Mikroorganismen-Szene, sondern meist Mikrokokken. Bei diesem Verfahren sinkt der pH-Wert kaum unter 5,2, da nur wenig Milchsäure gebildet wird. Die Mikrokokken sorgen für einen geringen Fettabbau und gute Aromabildung.

Im industriellen Verfahren wird die Masse wie beim traditionellen in Darm gefüllt und gebunden. Sie wird dann vier bis zehn Stunden lang bei 22 Grad Celsius und 70 Prozent, später bis auf 30 Prozent relativer Luftfeuchte vorgetrocknet. Dann folgt für drei bis vier Tage die Kombination von 20 Grad Celsius und 80 bis 90 Prozent Feuchte. Danach beträgt der Gewichtsverlust etwa 15 Prozent. Während der weiteren Trockenzeit - diese kann bis zu sechs Monaten dauern - wird bei einer Höchsttemperatur von 15 Grad Celsius und zwischen 80 und 88 Prozent wechselnder Feuchte fertiggereift.

Zum Schluß hat diese Salamisorte bis zu 30 Prozent an Gewicht verloren und wiegt nur noch zwei bis vier Kilogramm. Der Fettgehalt ist mit etwa 40 Prozent nicht gerade vernachlässigbar. Aber das Aroma ist so gut, daß man sich kleine Sünden à la Milano leisten kann.

*Die Salame Veronese*

Auch die Salami aus Verona *(Salame Veronese)* darf auf eine lange Tradition zurückblicken. Man findet sie in zwei Arten: mit Knoblauch (»tipo all'aglio«) und ohne Knoblauch (»tipo dolce«). Sie besteht von alters her nur aus Schweinefleisch und Speck. Allerdings sind bis zehn Prozent bestes Rindfleisch zugelassen. Der Speckanteil ist bei der knoblauchhaltigen mit 40 bis 50 Prozent ziemlich hoch. Die Variante »tipo dolce« wird nicht mit Rückenspeck, sondern mit Bauchspeck oder Speck von der Keule hergestellt. Hier ist der Speckanteil noch höher: 60 bis 70 Prozent!

Fleisch und Speck werden im Fleischwolf auf drei bis vier Millimeter (»tipo all'aglio«) oder acht bis zehn Millimeter (»tipo dolce«) zerkleinert. Dann werden pro Kilogramm folgende Zutaten zugegeben: 30 bis 35 Gramm Salz (im

Winter weniger, im Sommer mehr), 25 bis 30 Gramm Salpeter, je etwa ein Gramm gemahlener und ganzer Pfeffer, zwei bis drei Gramm zerdrückter Knoblauch und drei Milliliter Weißwein (nur im Winter). Alles wird sorgfältig vermischt und in Rinderdarm, früher ausschließlich in Rindsblasen, gefüllt. Die Type mit Knoblauch gibt es im 50 bis 60 Zentimeter langen Darm, die ohne Knoblauch ist kürzer (40 bis 45 Zentimeter). Beide werden mit Kordel gebunden, wobei die knoblauchhaltige an den weiteren Abständen zu erkennen ist.

Die Salame Veronese muß zwei bis vier Monate reifen, je nach Dicke. Dabei verliert sie bis zu 25 Prozent an Gewicht. Die fertige Salami präsentiert sich als eine dicke, mittellange, nicht völlig mit Schimmel überzogene Dauerwurst mit sehr feinem Schnittbild.

*Die Salame Fabriano*

Die *Salame Fabriano* stammt aus dem Städtchen Fabriano, das zwischen Ancona und Perugia in etwa 300 Metern Höhe liegt und gegen Norden und Westen durch ein bis zu 1700 Meter hohes Gebirge gegen kalte Winde abgeschirmt ist. Sie bestand früher nur aus Schweinefleisch und Speck, und in dieser Art kennt man sie seit Jahrhunderten.

Die Fabriano wird auch heute noch in Kleinbetrieben und auf Bauernhöfen hergestellt und zeichnet sich durch besonderen Wohlgeschmack aus. Dem Mitteleuropäer sei aber gesagt, daß dies eine mediterrane Wurst ist. Sie schmeckt also ganz und gar nicht »laff« und besteht zu je 37 Prozent aus Schweine- und Rindfleisch und 25 Prozent Speck.

So wird sie produziert: Das gekühlte Rindfleisch wird

durch die Fünf-bis-sechs-Millimeter-Scheibe des Fleischwolfes getrieben, mit den Schweinefleischstückchen vermischt und noch einmal gewolft. Diese Masse wird mit dem auf acht bis neun Millimeter zerkleinerten Speck vermischt und mit vier Prozent Salz, 30 Gramm pro Kilogramm Salpeter, ein bis eineinhalb Gramm pro Kilogramm ganzen Pfefferkörnern, 0,3 Gramm pro Kilogramm gemahlenem Pfeffer und drei Milliliter Weißwein pro Kilogramm versetzt.

Das Ganze wird in Rinder- oder Schweinedarm von 30 bis 35 Zentimetern Länge gefüllt. Die Bindung mit Kordel ist so ähnlich wie bei der Felino. Nun muß die Fabriano zwei bis vier Monate reifen; zum Schluß wiegt sie 25 Prozent weniger.

Schneidet man die Fabriano an, so lacht einen gleichmäßig rotes Fleisch mit feinen, weißen Fettkörnchen und einigen wenigen großen Fettbröckchen an. Sie wiegt 400 bis 500 Gramm. Beim Kosten macht sich der Pfeffer deutlich bemerkbar.

*Die Salame Varzi*

Der kleine Ort Varzi liegt in über 400 Metern Höhe im Ligurischen Apenningebirge zwischen Genua und Pavia. Nach alten Rezepten wird dort die grobe *Salame Varzi* hergestellt, die Vorbild für viele italienische Salamisorten geworden ist. Dies zeigt sich in der häufig anzutreffenden Bezeichnung »tipo Varzi«.

Die Varzi besteht aus 65 Prozent magerem, bestem Schweinefleisch und 35 Prozent Rückenspeck. Manchmal kann sie auch etwas Rindfleisch enthalten.

Fleisch und Speck werden durch den Fleischwolf mit einer Scheibe von 16 Millimetern Lochgröße getrieben.

Dadurch sind beide Bestandteile recht grob und ungleichmäßig groß. Pro Kilo werden 26 bis 28 Gramm Salz, 30 Gramm Salpeter, ein Gramm ganzer Pfeffer, fünf bis zehn Gramm Knoblauch und drei Milliliter Weiß- oder Rotwein zugegeben. Alles wird in Kranzdarm vom Schwein in Längen von etwa 25 bis 30 Zentimetern, auch 40 Zentimetern, gefüllt. Zum Trocknen läßt man die Würste einige Tage offen liegen, bindet sie dann ab und hängt sie zum Lufttrocknen auf.

Von außen sieht die Salame Varzi den Sorten Milano, Felino oder Fabriano recht ähnlich, aber im Anschnitt zeigt die mittelfeine Varzi ein gröberes Bild im Fleischanteil und ein gleichmäßigeres im Speck. Außerdem riecht sie leicht nach Knoblauch. Sie ist auch nicht so hart wie die anderen Sorten. Nach zwei bis vier Monaten Reifezeit verliert sie etwa ein Viertel des Anfangsgewichtes.

Häufig findet man auch eine *Salame Varzi Nostrano* oder eine andere Salami mit dem Zusatz »nostrano«, was soviel wie »Hausmacher« oder »eigene Herstellung« bedeutet.

Das Aroma einer Varzi ist in jedem Fall sehr harmonisch.

*Die Salame Genovese*

Eine Spezialität Liguriens ist die *Salame Genovese.* Sie enthält 20 Prozent Schweine-, 50 Prozent Rindfleisch sowie 30 Prozent Schweinerückenspeck. Das Rindfleisch wird mit der Lochscheibe fünf bis sechs Millimeter gewolft und mit dem in Stücke geschnittenen Schweinefleisch und -speck vermischt. Diese Masse wird wiederum mit der Zwölf-Millimeter-Lochscheibe gewolft und dann pro Kilogramm mit 32 Gramm Salz, 30 Gramm Salpeter, einem halben Gramm ganzem Pfeffer und einem halben Gramm zerdrückten Pfefferkörnern, einem Gramm Knoblauch und drei Milliliter Weißwein vermengt. Alles wird in dicken Schweinedarm von 30 bis 35 Zentimetern Länge gefüllt, vorgetrocknet, gebunden und zur Lufttrocknung 20 bis 30 Tage aufgehängt.

Die Genovese verliert dabei ein Viertel ihres Anfangsgewichtes. Dieses Produkt ist eine mittelfeine, milde Salami typisch italienischer Provenienz.

*Die Salame Napoletano (oder Napoli)*

Die Salami aus Neapel, *Salame Napoletano* (oder auch *Napoli*), besteht zu je einem Drittel aus magerem Schweinefleisch, Jungochsenfleisch und Schweinespeck. Die Herstellung beginnt wie immer mit der Kühlung der Zutaten. Zuerst wird das Rindfleisch mit der Fünf-bis-sechs-Millimeter-Lochscheibe fein zerkleinert. Das in Stücke geschnittene Schweinefleisch und der kleingeschnittene Speck wird hinzugegeben und das Ganze noch einmal grob mit der 14-bis-16-Millimeter-Lochscheibe gewolft.

Dazu gibt man pro Kilo 40 Gramm Salz, 30 Gramm Salpeter, ein Gramm zerdrückten Pfeffer, ein Gramm gemahlenen Pfeffer, ein Gramm rote Peperoni, fünf bis acht Gramm Knoblauch und etwas Weißwein. Diese Wurst hat es in sich!

Die gut durchmischte Masse wird in Pferdedarm von etwa 30 Zentimetern Länge gefüllt, vorgetrocknet und gebunden. Dann wird die Wurst für einige Stunden intensiv in Rauch von Pappelholz geräuchert. Danach läßt man sie zwei bis drei Tage bei etwas erhöhter Temperatur und Feuchte abhängen. Die anschließende Reifung, während deren die Napoletano 20 bis 25 Prozent Gewichtsverlust erfährt, dauert zwei bis drei Monate. Danach wiegt sie 400 bis 900 Gramm und schmeckt ziemlich feurig, weshalb man sie in dünnen Scheiben zusammen mit Rotwein oder Weißwein genießen sollte.

Die Napoletano hat übrigens keine Schimmelschicht.

*Weitere Salamisorten*

Neben den bisher beschriebenen, bekannteren Salamisorten gibt es noch viele andere, die diesen in der Qualität oft nicht nachstehen, aber außerhalb Italiens kaum bekannt sind.

Da wären zuerst die kleinen Schwestern der Salame Milano und der Salame Napoli zu nennen. Die *Salame Milanino* ist nicht so dick wie die Milano, wiegt auch nur 500 Gramm, wird aber auf gleiche Weise hergestellt. Das gilt analog auch für die dünnere, ringförmige *Salamella Napoli,* die nur 500 Gramm auf die Waage bringt und sich wie die große Version ebenfalls ohne Schimmel darbietet. Die kurze, mitteldicke *Felinetto* ist eine kleinere Ausgabe der Felino. Der Napoli ähnlich sind die *Salami Calabrese* und *Secondigliano,* die aber deutlich schärfer gewürzt werden.

Aus den Abruzzen stammt die *Salame Abruzzese* oder *Aquilano,* die rechteckig gepreßt ist, eine feine Körnung mit vielen ganzen Pfefferkörnern zeigt und nur 200 bis 300 Gramm wiegt. Sie besteht nur aus Schweinefleisch. Aus Venedig kommt die grobe *Salame Veneto,* die deutlich nach Knoblauch riecht. Sie besteht aus Schweine- und Rindfleisch und läßt sich mit ihren zweieinhalb bis dreieinhalb Kilogramm Gewicht auch als Waffe benutzen.

Der Schwerpunkt der Salamiherstellung in Italien liegt wie früher in der Emilia-Romagna, d. h. im Gebiet zwischen Bologna, Parma und Modena. In Süditalien werden vor allem kleine, grobe und feurige Salami hergestellt.

Erwähnung verdienen weitere Salamisorten: Da wäre die bis 70 Zentimeter lange, dünne *Corallina* aus Latium, die aus feinkörnigem Schweine- und Rindfleisch, aber grobem Speck besteht. Man kann sie ein Kilogramm oder zweieinhalb Kilogramm schwer bekommen. Die mittelfeine, ein Kilogramm wiegende *Montanaro* enthält nur Schweinefleisch und Speck. Das gilt auch für die kurze, dünne *Rimini*, bei der der Speck recht grob ist und die 400 Gramm wiegt. Im Anschnitt fallen die ganzen Pfefferkörner auf. Mit ihren drei bis vier Kilogramm zählt die aus Schweine- mit und ohne Rindfleisch fabrizierte und recht grobe *Crespone* zu den großen Salamitypen. Die aus Schwein bestehende, grobe *Fiorettino* ist dünn und lang und wiegt nur ein Kilogramm. Doppelt so schwer ist die mittelfeine *Campagnolo*, die man aus Schweine- und Rindfleisch herstellt.

In Ligurien kennt man die *Salame di Sant'Olcese* aus Schwein und Rind, die auch geräuchert anzutreffen ist. In diesem Fall hat sie ebenso wie die kurze, dicke und grobe *Mugnano* aus reinem Schweinefleisch keinen Schimmelbelag. Ebenfalls aus Ligurien stammt die kleinere, ringförmige und grobe *Mostardella*, die noch heute oft in bäuerlichen Betrieben hergestellt wird. Die *Friulano* enthält Fleisch aus der Schweinekeule in mittelgrober Körnung, Pfeffer, Knoblauch und Wein. Sie reift 30 bis 60 Tage, wird aber auch frisch zum Kochen verkauft.

Aus dem Gebiet um Ancona kommt die mittelfeine,

groben Speck enthaltende *Marchigiano,* deren Speck vor dem Füllen in Darm in Rotwein eingelegt wurde. Diese Salami ist von bester Qualität.

Die ziemlich grobe *Piemontese* kann neben dem Schweinefleisch bis zu einem Drittel Rückenspeck enthalten und kommt in Exemplaren von 500 Gramm bis zwei Kilogramm vor.

Aus grobem Schweinefleisch (Anteil 75 Prozent) und feingekörntem Speck besteht die leicht geräucherte, mittellange *Sorrentino,* die man gut an der knubbeligen, schimmelfreien Oberfläche erkennen kann. Noch mehr Speck in groben Würfeln (33 Prozent) enthält die *Toscano.* Deren Schweinefleisch ist fein gemahlen und mit Wein gewürzt. Sie muß drei bis sechs Monate reifen.

Eine Kuriosität stellt die *Salame con la Lingua* dar. Sie enthält nämlich Stücke von Schweinezunge und ist recht dick und mittellang.

Auch wenn sie die Bezeichnung »Salame« nicht tragen, gehören die *Palla Ferrarese,* die *Zia Ferrarese* und die *Bondiana* doch zu dieser Familie. Alle drei wiegen etwa eineinhalb Kilogramm. Die beiden Ferrarese sind mittelfein gekörnt, die Bondiana ist etwas grober. Die Palla ist kugelig, die anderen sind dick und mittellang.

Die *Salsiccione* ist mit 20 Prozent Speck eine fettarme, knoblauchhaltige Salami, die als Vorläufer der berühmten Mailänder Salami gilt. Die sehr grobe *Ventricina* ist eine Salami nur aus Schweinefleisch. Sie präsentiert sich ohne Schimmel in Zweieinhalb-Kilogramm-Stücken im Naturdarm. Sie ist sehr grob und durch die zugesetzten Peperoni schön scharf.

Eine kleine, ländliche Salami ist der *Nostranello,* der nur

120 Gramm wiegt und aus grobem Schaf- und Rindfleisch im Naturdarm besteht. Die *Salame di Macomer* stammt aus Sardinien und ist dick und kurz. Diese 300 Gramm schwere Salami besteht aus 75 Prozent Schweinefleisch und 25 Prozent Speck und reift bis zu drei Monaten.

Aus Keule und Lende vom Schwein wird die kurze *Salame di Montefeltro* gefertigt. Im Anschnitt ist sie feinkörnig, aber mit vereinzelten groben Speckstücken und ganzem Pfeffer.

Ebenfalls nur aus Schweinefleisch besteht die fast quadratische, sehr kurze *Salame di Nola.* Das Fleisch wird sowohl fein als auch grob gehackt. Die Wurst wird angeräuchert und reift 20 bis 40 Tage. Es gibt sie in Stücken von 30 Gramm bis 400 Gramm.

Außergewöhnlich in der Zusammensetzung sind die *Salame bellumese misto* aus Schweine- und Rindfleisch und die *Salame Cadorino* aus Schweine- und Eselfleisch.

Keine richtige Dauerwurst ist die *Salam d'la Düja.* Diese Wurst besteht aus Schweinefleisch und wird im Schweineschmalz aufbewahrt. Dadurch ist sie so zart, daß man nur eine Gabel zum Zerteilen braucht.

Die *Salame di Tacchino* ist überhaupt keine Rohwurst, sondern eine Kochwurst aus Truthahnfleisch, Hühnerleber und rohem Schinken.

Die *Salame da Sugo* ist eine Spezialität aus dem Gebiet um Ferrara. Sie wird aus der Keule und der Zunge vom Schwein hergestellt. Beides wird fein zerkleinert, mit Gewürzen und Kräutern versetzt und in Därme gefüllt. Diese Würste reifen zunächst an einem warmen Ort und müssen dann lufttrocknen. Die Salame da Sugo wird nicht roh gegessen, sondern gekocht. Dabei entsteht eine schmackhafte Sauce (Sugo = Sauce), die man zusammen mit Kartoffelpüree oder kalter Melone sowie der Wurst genießt.

In Südtirol gibt es noch eine Reihe von Rohwürsten, die eher der »germanischen« Tradition entsprechen, da sie geräuchert werden. Dazu gehören die *Pustertaler Salami,* verschiedene Landjägersorten und die *Siebenföncher* aus Meran.

Erwähnung verdient auch die sehr dicke, mittellange *Sbriciolana* aus Schweinefleisch und Bauchspeck. Die angeschnittene Wurst wirkt sehr grob und unregelmäßig.

## Soppressa und Soppressata

Die *Soppressa* oder *Soppressata,* was soviel wie »Preßwurst« bedeutet, ähnelt im Geschmack der Salami, ist aber wesentlich dicker und größer. Nach dem Füllen des zerkleinerten Fleisches und Specks in Därme wird die Wurst rechteckig gepreßt, vor allem um etwaige restliche Luft auszudrücken. Die Bezeichnung stammt übrigens von dem provenzalischen Wort »saupressado« ab.

Die Soppressa oder Soppressata werden in vielen Varianten in den norditalienischen Regionen Friaul, Venetien und Julien und in Süditalien hergestellt. Da sie recht dick sind, müssen sie 10 bis 15 Monate an der Luft reifen. Zum Schluß wiegen sie zwei bis drei Kilogramm und werden, in Scheiben geschnitten, mit frischem Obst oder leicht erhitzt mit Polentaplätzchen als Vorspeise oder Imbiß gereicht.

Die *Soppressa Veneta* kommt aus Venetien und zeichnet sich durch besondere Zartheit und kräftiges Aroma aus.

*Auch Frankreich kann bei exquisiten Dauerwürsten auf eine lange Tradition verweisen. Die Abbildung zeigt die aus Schweinefleisch hergestellte jésus de lyon.*

*Echte ungarische Salami besticht durch ihren eigenständigen Charakter und kommt vor allem aus Budapest und Szeged. Die Abbildung zeigt eine Pick aus Szeged.*

Sie wird aus 70 Prozent magerem Schweinefleisch und 30 Prozent Bauchspeck mit Brustspitze gefertigt. Alles wird nur grob zerkleinert und mit Pfeffer, zerdrücktem Knoblauch und Weißwein oder auch Grappa vermischt, dann in Schweinedarm gefüllt und gepreßt. Bei etwas höherer Temperatur wird vorgereift und dann luftgetrocknet. Sehr ähnlich ist die *Soppressata di Fabriano,* die aber leicht geräuchert wird. Aus dem südlichen Apenningebirge kommt die *Soppressata della Basilicata,* die nur mit Pfeffer gewürzt wird und aus 80 Prozent magerem Schweinefleisch und 20 Prozent Räucherspeck besteht.

In Apulien findet man die sehr dicke und runde *Soppressata di Martinafranca,* die man aus fein zerkleinertem Schweine- oder Rindfleisch und grobem Speck (ein Drittel Anteil) mit Pfeffer, Peperoni und Grappa herstellt. Nicht so scharf, aber sonst ähnlich ist die *Soppressata Lucana.* Diese Soppressata enthält nur 20 Prozent Speck, der Rest ist mageres Schweinefleisch aus der Schulter oder Keule. Der Speck ist recht grob. Diese Wurst reift nur drei Monate.

Hochwertige Zutaten zeichnen die *Soppressa Lombata* aus. Zu ihrer Herstellung wird das Filet oder die Lende vom Schwein genommen.

Etwas Besonderes stellt die *Soppressa Coppata* dar. Sie ist sehr dick und enthält im Innern ein dickes Stück aus der Schweinekeule. Im Anschnitt sieht sie wie eine Schinkenscheibe mit einer Umrandung aus Salami aus.

Aus der Provinz Kalabrien stammt eine interessante Kreation, die *Soppressata Calabrese.* Zu ihrer Herstellung nimmt man 70 Prozent mageres Schweinfleisch und 30 Prozent Rückenspeck und zerkleinert beides nur grob. Gewürzt wird mit Pfeffer, Chilipfeffer, edelsüßem Paprika und Rotwein. Außerdem gibt man Schweineblut hinzu. Die Vorreifung erfolgt in leichtem Rauch mit etwas höherer als Umgebungstemperatur. Nach dem Pressen wird diese Wurst drei Monate luftgetrocknet.

## Die Finocchiona

In der Toskana, aus der die *Finocchiona* stammt, stellt man eine delikate Dauerwurst, die mit der Salami verwandt ist, her. Sie hat ihren Namen von »finocchio«, also vom Fenchel, dessen Samen für diese Wurst Verwendung finden. Früher nahm man dafür den wildwachsenden Fenchel. Der Herkunft entsprechend ist diese Rohwurst auch unter dem Namen *Salame Toscano* zu finden.

Die Finocchiona wird in zwei Arten hergestellt: Die eine besteht aus 50 Prozent magerem Schweinefleisch und 50 Prozent Schweinebacke (einschließlich der Speicheldrüse). Die andere Variante besteht zu je einem Viertel aus Schweine- und Rindfleisch und zur Hälfte aus Schweinebacke (der Wange des Schweins).

Das entsehnte und von Nerven befreite Fleisch wird wie üblich gekühlt und mit dem Fleischwolf und dessen 16-bis-18-Millimeter-Lochscheibe, dann noch einmal mit der Acht-Millimeter-Scheibe zerkleinert. Zu dieser Masse werden pro Kilogramm zugegeben: 35 bis 40 Gramm Salz, 35 bis 40 Gramm Salpeter, vier Gramm zerdrückter schwarzer Pfeffer, drei bis fünf Gramm Fenchelsamen sowie auch etwas in Weißwein eingelegter Knoblauch. Wenn alles fertig durchmischt ist, wird die Masse in 50 Zentimeter langen Rinderdarm gefüllt, mit Wurstkordel recht dicht gebunden und zwei bis drei Tage lang bei einer von 20 auf 22 Grad Celsius ansteigenden Temperatur und einer Luftfeuchte von 65 bis 70 Prozent aufgehängt. Die 60 bis 90 Tage dauernde Reifung erfolgt zuerst bei 16 bis 17 Grad Celsius und dann bei 14 bis 15 Grad Celsius. Dabei beträgt die Feuchte 80 Prozent. Zum Schluß wiegt die ausgereifte Finocchiona zweieinhalb bis vier Kilogramm.

Die Geschmacksgewohnheiten in der Toskana erfordern von dieser Wurst einen leicht sauren Geschmack; und der stellt sich eben erst nach mindestens zwei Monaten ein. Man erkennt diese toskanische Spezialität an dem grünlichen Schimmel.

Die Finocchiona wird in der Toskana in dünnen Scheiben zusammen mit einem kräftigen Chiantiwein und dem »sciocco«, einem ungesalzenen Weißbrot, als Vorspeise serviert. Dazu etwas Honigmelone, und die Harmonie ist vollkommen!

## Der Cacciatore

*Il Cacciatore* – was eigentlich »Jäger« bedeutet – ist eine kleine salamiähnliche Dauerwurst mit einem Gewicht, das von 60 bis 180 Gramm variieren kann. Die Herstellung gleicht der der Salame Milano oder Felino. Nur die Reifezeit ist mit 15 Tagen wesentlich kürzer, denn diese Würste sind ja viel kleiner.

Auf den Bauernhöfen werden die mittelkörnigen, luftgetrockneten und mit Schimmel überzogenen Cacciatori schon seit alters produziert. So ist es erklärbar, daß sich in ihrer Zusammensetzung eine große Vielfalt zeigt. Viele

Cacciatori bestehen aus 35 Prozent Schweinefleisch, 15 Prozent Bauchspeck und 50 Prozent Rindfleisch, aber der Rindfleischanteil kann bis auf Null absinken.

Wie der Name dieser Wurst verrät, hatte sie früher eine Snack- oder Imbißfunktion für Jäger, Schäfer oder Einsiedler.

## Große Würste, kleine Würste: Alles aus Italien

Die Gnade der trockenen Frühlinge und Sommer führte in Italien nicht nur zu den großen Salamikreationen, sondern auch zu weiteren delikaten Produkten, von denen hier einige erwähnt seien.

Aus Latien kommt die *Spianata Romana.* Sie ist dick und rechteckig gepreßt, fein gekörnt mit größeren Speckstücken und zwei bis drei Kilogramm schwer. Sie wird mit ganzen Pfefferkörnern gewürzt und im Naturdarm vier bis sechs Monate luftgetrocknet. Zu ihrer Herstellung verwendet man 60 Prozent Schweinefleisch und immerhin 40 Prozent Speck. Trotzdem wirkt die Spianata, d.h. »die Platte, Flache«, nicht fettig.

Die *Spianata Calabrese* enthält mit 25 Prozent viel weniger Speck, der aber in großen Stücken sichtbar ist. Diese Spianata ist so groß wie ein Brotlaib und zeigt keine Schimmelschicht.

Wie die Cacciatori werden die *Settenani* hergestellt, aber sie sind mit 40 bis 50 Gramm Gewicht noch würziger.

Die aus Schweinfleisch bestehende, mittelgroße *Passita* ist dünn und wird U-förmig aufgehängt. Diese Dauerwurst wiegt 600 Gramm und ist von Naturdarm umgeben.

## Salsiccia & Co.

Die Familie der italienischen Mettwürste, der *Salsicce*, unterscheidet sich von den hiesigen durch ihr Format und ihre Würzung, präsentiert sich aber ebenfalls im Naturdarm ohne Schimmelbelag. Die *Salsiccia Bologna*, die *Salsiccia Luganega* und die *Salsiccia di Macomer* sind sehr lang, drei bis vier Zentimeter dick und werden in Form eines oder mehrerer Ringe verkauft. Die *Salsiccia Modena* dagegen ist nur zehn Zentimeter lang. Die *Salsicce di Napoli* und *Lucana* bestehen wie die anderen Salsicce zu einem Drittel aus Speck und zu zwei Dritteln aus magerem Schweinefleisch, werden aber in der einen Variante mit Fenchel, in der anderen mit Peperoni gewürzt. Sie sind leicht geräuchert und kommen in U-Form auf den Markt.

Ein typisches Produkt der Toskana stellen die *Salsicce di Cinghiale*, also die Wildschwein-Mettwürste, dar. Sie werden an der Luft getrocknet, aber nach der Reifung in Olivenöl eingelegt, damit sie in den Monaten mit geringer Luftfeuchte nicht austrocknen.

In vielen Gegenden Mittel- und Süditaliens ist eine besondere Spezialität anzutreffen: die *Capocolla*. Diese Dauerwurst wird aus dem Kopf (= capo) und dem Hals (= collo) des Schweines hergestellt. Die beiden Zutaten werden in Salzlake gepökelt, dann in Rotwein eingelegt und vor dem Einfüllen in Därme mit gemahlenem Pfeffer gewürzt. Die gefüllten Därme werden auf Holzstäbe gebunden und dann luftgetrocknet oder auch geräuchert.

Die *Capocolla Pugliese* aus Apulien ist mit Vorsicht zu kosten, denn sie wird mit reichlich Cayennepfeffer gewürzt. Sie wird in Eichenholzrauch kaltgeräuchert. In den

Sommermonaten wird die Capocolla in Olivenöl eingelegt angeboten. Insgesamt muß sie fünf Monate reifen.

Die *Capocollo Umbro* besteht aus Schweinelende, die in Weißwein eingelegt, gewürzt und in Darm gefüllt wurde. Die mindestens drei Monate luftgetrocknete Wurst kann man an der Hülle aus Strohhalmen leicht erkennen.

Bemerkenswert sind die auch bei uns bekannten Produkte *Coppa, Pancetta, Bresaola* oder *Bendaiola.* Diese stellen schon den Übergang zum Schinken dar und werden daher in dem Band »Parmaschinken & Co.« dieser »Gourmet Bibliothek« beschrieben.

*Zu den besten italienischen Dauerwürsten zählen die milde, süße Salame Felino, die feine Salame Milano, die scharfe Salame Fabriano, die aromatische Salame Varzi und die würzige, vorzügliche Salame Marchigiano. Die dicke, große Soppressa ist ebenso wie die Spianata eine gepreßte Dauerwurst des Salamityps.*

# Frankreich: Le bon saucisson

Auch das Feinschmeckerland Nr. 1, Frankreich, kann bei exquisiten Dauerwürsten auf eine große kulinarische Tradition verweisen. Obwohl man längst nicht mehr in jeder »charcuterie« auf Topqualität trifft.

Von den französischen Dauerwürsten ist die mit Schimmel überzogene 10 bis 15 Zentimeter lange *saucisson sec pur porc* mit Abstand die bekannteste. Sie ist sehr hart und besticht durch eine schöne rote Farbe und besonderen Wohlgeschmack, der sich von dem italienischen unterscheidet und durchaus typisch französisch ist.

## Saucisson sec und saucisse sèche

Saucisson bedeutet »große Wurst«, und »saucisse« heißt einfach Wurst. Die Eigenschaft »Rohwurst« oder »Dauerwurst« wird durch das »sec« ausgedrückt.

Die *saucisson sec pur porc* besteht entsprechend dem Namen aus reinem Schweinefleisch. Typisch sind die ganzen Pfefferkörner. Bis auf nordfranzösische Produkte werden sie alle luftgetrocknet.

Geräuchert wird der *saucisson d'Alsace*, der aus Rind und Schwein hergestellt wird und nicht vollständig durchtrocknet und sich daher noch weich anfühlt. Ebenfalls geräuchert mit derselben Zusammensetzung ist der *saucisson d'Ardennes*, den man mit Rum aromatisiert.

Eine dicke Wurst aus feingehacktem Rindfleisch und Schweinebauch mit sehr groben Speckwürfeln ist der *saucisson de Lyon*. Dieser ist klein, dick und unregelmäßig geformt.

In vielen Berggebieten, z. B. in der Auvergne, in Savoyen, Lothringen, im Elsaß, in der Provence, in den Pyrenäen und in der Region der Ardèche, werden kleine luftgetrocknete Rohwürste produziert, die einfach nur *saucisse de montagne* heißen und aus grobem Schweinefleisch in unregelmäßig geformtem Darm bestehen. Sie sind drei bis vier Zentimeter dick und werden häufig in U-Form gebunden. Die dickeren Exemplare heißen logischerweise *saucisson de montagne*.

Etwas ganz anderes kann der *saucisson d'Arles* sein. Zwar wird er heutzutage zu zwei Dritteln aus bestem Rindfleisch und Rückenspeck, aromatisiert mit Pfeffer, Knoblauch, Weißwein und Cognac, hergestellt, aber gelegentlich gibt es auch Würste mit Fleisch vom Esel, Maultier oder Pferd.

## Jésus, rosette & chasseur

Wie in vielen Ländern wird natürlich auch in Frankreich Salami hergestellt. Dabei handelt es sich um luftgetrocknete Rohwürste aus dunklem, derbem Schweinefleisch guter

Qualität mit erbsengroßem Speck sowie Knoblauch, Cognac und gestoßenem weißem Pfeffer. Die französische Salami steckt in Schweinefettenden, wird eng mit Wurstgarn umwickelt und luftgetrocknet. Die *salami de Strasbourg* oder *d'Alsace* ist allerdings geräuchert und wird anstelle des Rückenspecks mit Bauchspeck zubereitet. Meist läßt man sie drei Monate reifen.

Auch die Cervelatwurst ist in Frankreich weit verbreitet. Außergewöhnlich ist die *cervelas de Lyon* oder *truffé*. Diese Spezialität aus feingekörntem Schweinefleisch mit Speck enthält gehackte Trüffeln und Pistazien. Sie wird kaum roh verspeist, vielmehr wird sie pochiert, enthäutet, in Briocheteig gewickelt, mit Eigelb bepinselt und im Backofen gebacken. Dieses Gericht wird warm als Vorspeise gereicht.

Viel französischer als diese internationalisierten Sorten sind die im folgenden kurz beschriebenen. Eine Spezialität aus dem Périgord ist die *baudruche*, die aus in grobe Stücke geschnittenem Schweinenacken besteht. Die Stücke werden in dicken Rinderdarm gefüllt und luftgetrocknet.

Le *jésus sec* hat die Dicke und Form eines Straußeneis und enthält feinkörniges Schweinefleisch, welches in Schweineblinddarm gefüllt wird. Heutzutage wird diese Wurst oft mit gehacktem Pfeffer überzogen, aber das ist nicht klassisch. Vielmehr muß sie von weißgrauem Schimmel bedeckt sein. Ihr Gewicht liegt bei etwa drei Kilogramm, nachdem sie zehn Wochen gereift wurde. Früher wurde die *jésus* nur zu Weihnachten hergestellt, daher der Name.

Den italienischen Cacciatori entsprechen die *chasseurs*, die Rind- und Schweinefleisch enthalten und 250 Gramm wiegen. Manchmal wird der *chasseur* auch mit Ziegenfleisch hergestellt. Eine Dauerwurst ist der *chasseur* aber nicht.

Le *ménage* ist eine fünf Zentimeter dicke, 300 Gramm schwere, mittelkörnige Dauerwurst aus Schwein und Rind oder nur aus Schweinefleisch. In vielen Kleinbetrieben in Burgund wird der dicke *judru (du Morvan)* aus Schweinefleisch mit Kräutern in der Schweinsblase produziert.

Einen hübschen Namen hat eine lange, dicke, spindelförmige Schweinsdauerwurst: Sie heißt nämlich *rosette*, weil sie sich im Schweinemastdarm befindet. Der Darm wird netzförmig mit Kordel umwickelt und luftgetrocknet. Die *rosette* ist ziemlich grobkörnig.

Aus Südwestfrankreich kommt die sehr fettarme, grobe Schweinswurst namens *salpicon*. Sie wird leicht geräuchert und ist recht scharf gewürzt. An der spanischen Grenze findet man die *longanisse*, deren Gehalt an rotem Pfeffer und Anis die Tränen in die Augen treibt.

Von Korsika ist die *ficatella*, eine halbfeste Rohwurst mit Schweineleber, zu erwähnen. Von dorther kommt auch die *lonzu*, die aus gepökeltem, geräuchertem und dann in passende Därme gefülltem ganzem Schweinefilet besteht.

*Wohlschmeckend und typisch französisch sind die harten »saucissons secs pur porc«. Diese Würste lassen sich sehr gut auch warm, zum Beispiel in Brotteig gebacken oder mit Sauerkraut geschmort, genießen.*

# Deutschland: Föderalistisches Rohwurst-Paradies

Unbestritten ist, daß man in der Bundesrepublik oder auch im früheren Deutschen Reich eine ungeheure Vielfalt an Wurstsorten finden kann bzw. konnte. Zieht man von dieser Sortenvielfalt die Kochwürste und die streichfähigen Rohwürste ab, bleiben immer noch sehr viele schnittfeste Rohwurstsorten. Aber nur wenige von diesen können als echte Dauerwürste gelten.

Schnittfeste Rohwürste werden in der Bundesrepublik in feingekörnte und grobgekörnte eingeteilt. Zu den ersteren gehören die *Schlack-* und die *Cervelatwurst,* zu den letztgenannten die *Plock-*, die *Katen-* und die *Mettwurst.* Die Qualitätseinstufung erfolgt in Westdeutschland nicht nach dem Abtrocknungsgrad und dem Aroma, sondern nach der Qualität der Rohstoffe. Spitzenqualität, die man an dem Zusatz »I a« erkennt, enthalten nur sehnenfreies Fleisch mit wechselndem Verhältnis von Rind- und Schweinefleisch sowie Rückenspeck. Leider läßt man in Deutschland Rohwürste nicht so weit abtrocknen, daß – wie in Italien – harte, nicht eindrückbare Produkte entstehen. Fast alle diese Rohwürste werden geräuchert, zumindest aber angeräuchert.

## Die Schlackwurst

Die sehr feinkörnige *Schlackwurst* hat ihren Namen von dem weiten Darm, in dem sie steckt. Schlacke ist nämlich die Bezeichnung für das Schweinefettende, d.h. für den Schweinemastdarm.

Sie besteht aus 24 Prozent fettarmem, sehnenfreiem Rindfleisch, zehn Prozent gleichartigem Schweinefleisch und 66 Prozent Schweinebauch und wird mit Pfeffer und Honig gewürzt. Es gibt einige regional typische Sorten, die schon über 100 Jahre hergestellt werden.

*Braunschweiger Schlackwurst* enthält nur bestes Schweinefleisch und Rückenspeck sowie Pfeffer, Ingwer und Rotwein.

*Thüringer Schlackwurst* wird neben Pfeffer auch Kardamom zugegeben, und sie besteht zur Hälfte aus fett- und sehnenfreiem Schweinefleisch und 20 Prozent ebensolchem Rindfleisch. Der Rest ist Rückenspeck. Sie wird von dicker Schlacke umhüllt.

*Westfälische Schlackwurst* stellt man zu je 20 Prozent aus fett- und sehnenfreiem Rindfleisch, Schweinebauch und Rückenspeck sowie 40 Prozent Schweinefleisch bester Qualität her. Ihre Würzung ist außergewöhnlich: Man nimmt dazu Pfeffer, Ingwer, Himbeersaft, Rum und Senfkörner.

## Die Cervelatwurst und ihre Verwandten

Ebenfalls sehr feinkörnig ist die dicke *Cervelatwurst*, die als Spitzenqualität z.B. folgende Zusammensetzung haben kann: 30 Prozent bestes Rindfleisch, 46 Prozent sehnenarmes Schweinefleisch, 24 Prozent Rückenspeck sowie pro Kilogramm 30 Gramm Nitritpökelsalz, zweieinhalb Gramm gemahlener Pfeffer, ein Gramm ganze Pfefferkörner und vier Gramm Wacholderschnaps. Die Würzung sowie der Rind- und Schweinefleischanteil können je nach Region stark variieren. Cervelatwürste müssen bei etwa 18 Grad Celsius und 85 Prozent Feuchte mindestens sechs Tage reifen und werden dann 24 Stunden bei 20 Grad Celsius kaltgeräuchert. Die Cervelatwurst stammt aus Italien, denn sie war dort ursprünglich eine Mailänder Kochsalami.

*Westfälische Cervelat* hat mit 55 Prozent einen sehr hohen Anteil an Schweinefleisch. Der Rindfleischgehalt beträgt 20 Prozent, der Rest ist Rückenspeck. Der westfälischen Herkunft entspricht die Zugabe von klarem Steinhäger-Schnaps. Außerdem gibt man Pfeffer sowie fünf Gramm Honig pro Kilogramm zu. Es gibt auch Varianten der Westfälischen Cervelatwurst, die nur zehn Prozent Rindanteil aufweisen, dafür aber 65 Prozent Schweinefleisch enthalten.

*Thüringer Cervelat,* die nicht so fein ist, sondern eine mittlere Körnung zeigt, wird mit je einem Drittel Rind, Schwein und Speck hergestellt. Neben Pfeffer wird sie pro Kilogramm mit 0,3 Gramm Kardamom und vier Gramm Rum oder Weinbrand, in den man Kümmel eingelegt hat, gewürzt.

Die *Gothaer Cervelat* ist der Thüringer sehr ähnlich, sie enthält jedoch keinen gekümmelten Rum. Dafür wird doppelt soviel Kardamom zugegeben.

Für die *Holsteiner Cervelat* braucht man 30 bis 40 Prozent mageres, sehnenfreies Rind-, 10 bis 20 Prozent mageres, sehnenfreies Schweinefleisch, 20 bis 40 Prozent Schweinebauch und 20 Prozent Rückenspeck. Sie wird mit Pfeffer und Rum gewürzt und drei bis vier Wochen im Katenrauch schön braun geräuchert.

Zu nennen wären noch die *Braunschweiger Cervelat,* die überwiegend Schweinefleisch enthält und in Schweinefettenden gefüllt wird, und die gröbere *Süddeutsche Cervelat,* die man aus 40 Prozent Rind und 30 Prozent Schwein mit 30 Prozent Speck sowie Rum herstellt. Weitere Varianten sind die *Ammerländer, Oldenburger, Sauerländer, Lippische* und *Fränkische Cervelat.*

## Plockwurst, Schinkenwurst und Mettwurst

In der Familie der grobgekörnten Rohwürste ist die Plockwurst die feinkörnigste und die Mettwurst die gröbste. Die *Plockwurst* unterscheidet sich von der Cervelat dadurch, daß Plockwürste immer einen höheren Rind- als Schweinefleischanteil haben. Der Rindanteil beträgt meist 40 Prozent, außerdem sind darin enthalten: 30 Prozent mageres, sehnenfreies Schweinefleisch, 30 Prozent Rückenspeck sowie Pfeffer, Knoblauch und Weinbrand oder anderes Hochprozentiges. Die frisch in Darm gefüllte Plockwurst reift etwa vier Tage bei 18 Grad Celsius und 90 Prozent, später 75 Prozent Luftfeuchte. Dann wird sie geräuchert.

*Schinkenplockwurst* besteht dagegen aus 20 Prozent bestem Rindfleisch und 40 Prozent ebensolchem Schweinefleisch sowie 40 Prozent Schweinebauch. Es gibt sie luftgetrocknet oder geräuchert. Die luftgetrocknete Form ist mit Edelschimmel überzogen. Gewürzt ist sie mit Pfeffer und Rum. Die fertige Wurst wiegt meist drei Kilogramm. Im

Anschnitt wirkt sie grob. *Westfälische Schinkenplockwurst* enthält Fleisch erster Qualität, entweder nur vom Schwein oder mit Rindfleisch gemischt. Gewürzt wird mit Pfeffer, Rum, Paprika und auch mit Himbeersaft.

*Schinkenwurst* stellt hinsichtlich des noch höheren Anteils an Schweinefleisch (70 Prozent) den Übergang zur Mettwurst dar. *Göttinger Schinkenwurst* enthält gar kein Fleisch aus der Schweinekeule, sondern besteht vollständig aus Schweinebauch mit Pfeffer und Senfkörnern.

Der Schinkenplockwurst sehr ähnlich ist die *Schinkenmettwurst.* Sie wird jedoch nur mit Pfeffer gewürzt. *Mettwurst* unterscheidet sich von der Schinkenmettwurst durch ihren hohen Schweinebauchanteil von 75 Prozent. Auch sie enthält als Würze nur Pfeffer. Der Speck wird nur grob zerkleinert. Mettwürste werden kaltgeräuchert oder luftgetrocknet. Luftgetrocknete Mettwürste unterscheiden sich durch die anders dosierten Zutaten: 50 Prozent bestes Schweinefleisch und 50 Prozent Schweinebauch sowie Pfeffer, Kümmel, Koriander und Knoblauch.

Die mittelkörnige *Aalrauch-Mettwurst* zeichnet sich dadurch aus, daß der Speck vor der Verarbeitung kaltgeräuchert wird. Sie besteht aus sehr fettreichem Schweinefleisch.

*Hamburger grobe Mettwurst* hat einen hohen Rindfleischanteil (40 Prozent) und wird in Hammelblinddarm (»Butte«) gefüllt.

In *Landmettwurst* steckt 40 Prozent Schweinebauch und 60 Prozent mageres Schweinefleisch mit Pfeffer und Senfkörnern. Ähnlich ist die *Westfälische Mettwurst,* sie enthält aber keinen Senf, und es gibt sie auch luftgetrocknet.

*Göttinger Blasenmettwurst* gibt es ebenfalls geräuchert

oder luftgetrocknet. Sie trägt ihren Namen, weil die Wurstmasse in Kalbsblasen gefüllt ist. Sie besteht meist aus 75 Prozent Schweinefleisch und 25 Prozent Speck in grober Körnung. Sie braucht längere Zeit zum Ausreifen, ist dann aber geschmacklich hervorragend.

Blasenmettwürste gibt es auch noch in Lübeck. Die *Lübecker Blasenmettwurst* enthält außerdem Rindfleisch und statt des Specks Schweinebauch. Ebenfalls mettwurstartig ist die *Knoblauchwurst*, nicht zu verwechseln mit der »Knoblauchwurst einfach«, die nicht so hochwertiges Fleisch und Schwarten enthält.

## Feldkieker und andere Spezialitäten

In Eichsfeld, dem Gebiet südöstlich von Göttingen, wird von den Bauern auch heute noch der dickkugelige Eichsfelder *Feldkieker* oder *Feldgicker* nach alter Tradition hergestellt. Der Feldkieker wird mit schlachtwarmem, magerem und sehnenfreiem Schweinefleisch (70 Prozent) und 30 Prozent Rückenspeck produziert. Gewürzt wird mit Pfeffer, Himbeersaft, Honig, Rotwein oder Rum. Das Fleisch wird feinstkörnig gemahlen, der Speck auf einen bis zwei Millimeter zerkleinert, eher länglich als kugelig. Die Wurstmasse wird in Kalbsblasen gefüllt und geräuchert oder luftgetrocknet. In jedem Fall läßt man sie acht bis zwölf Monate ausreifen. Danach wiegt sie etwa zweieinhalb Kilogramm. Zu ihrem Aroma trägt das Eichsfelder Klima wesentlich bei. Nicht umsonst sieht man am Wochenende zahlreiche Autos mit fremden Kennzeichen in diesem Gebiet nach dem Feldkieker »jagen«.

Der Name »Feldkieker« soll von der Gewohnheit der Eichsfelder Bauern stammen, ihre Wurst bei der Feldarbeit in die Erde zu stecken (»gicken«), damit sie schön kühl und frisch bleibe. Eine andere Erklärung ist, daß sie erst dann gegessen wurde, wenn die Heuernte anstand. Dabei »kiekte« sie aus dem Vesperkorb aufs Feld.

Aus einer anderen Gegend kommen die *Dürren Hunde* oder *Dürren Runden* (Kassel). Diese sind lange, dünnere Rohwürste in Rinderdünndarm, die meist aus Schweinebauch mit Pfeffer und Knoblauch bestehen. Sie werden zwei Tage kaltgeräuchert. Dürre Runde sind bis einen Meter lang und werden U-förmig gebunden. Früher hingen sie im Laden an der Decke, und nach Bedarf wurden davon Stücke zum Verkauf abgeschnitten.

*Katenrauchwurst* ist von der Herstellungsweise her etwas Besonderes. Sie besteht zu gleichen Teilen aus fett- und sehnenfreiem Schweinefleisch und Schweinebauch, der vor der Verarbeitung acht Stunden kaltgeräuchert, dann mit dem Fleisch gekühlt und zerkleinert wird, ein Teil sehr fein, der andere grob. Die Masse wird mit Pfeffer, Ingwer, Rum und Wacholderbeeren gewürzt. Die Rinderdärme, in die die Wurstmasse gefüllt wird, werden vorher einige Stunden in gesalzenes Blut gelegt, damit sie später beim Räuchern die typische rötlichbraune Katenrauchfarbe annehmen.

Aus dem alemannischen Raum von Vorarlberg, Schweiz, Schwarzwald und Elsaß stammen die *Landjäger* – in Frankreich heißen sie *gendarmes* –, die etwa 100 Gramm wiegen. Zu ihrer Herstellung nimmt man sehnenreiches Rindfleisch, fettgewebereiches Schweinefleisch und Fettgewebe sowie Pfeffer und Kümmel. Sie werden in Schweinedünndarm gefüllt und dann rechteckig gepreßt, um die Luft herauszudrücken. Danach räuchert man sie 24 Stunden kalt. Sie sind mittel- bis feinkörnig. Die Landjäger hießen einst wegen ihrer Zähigkeit und Härte auch »Lederwürste«.

In Franken gibt es eine dem Landjäger ähnliche Rohwurst, die *Ringelwurst,* die so heißt, weil sie in langen Ringeln übereinander aufgeschichtet und so zum Verkauf angeboten wird.

Der *Mecklenburger Knochenpeter* ist eine dicke, geräucherte Rohwurst, die früher aus »Knochenputz«, also dem von den Knochen abgeschabten Fleisch, gefertigt wurde. Man füllt das Wurstgut in Schweinemägen, die mit Garn verschnürt wurden und sechs Tage reifen müssen. Anschließend werden sie kaltgeräuchert.

Natürlich wird in der Bundesrepublik auch »Salami« hergestellt, aber diese Erzeugnisse haben wenig mit der italienischen Salami gemein. Deutsche Salami ist sicher keine schlechte Wurst, aber eben keine Salami!

*Deutsche Dauerwürste sind nur selten so ausgereift und hart wie italienische Würste, wenngleich ihre Rohstoffe von hoher Qualität sind. Zu den feingekörnten Sorten zählen die Schlack- und die Cervelatwurst; grobkörnig sind die Plock-, Katen- und Mettwurst.*

# Ungarn: Salami und Kolbász

Ungarische Salami hat ebenfalls einen eigenständigen Charakter, wirkt aber durch ihre südländische Würze ziemlich »italienisch«. Lobend zu erwähnen sind vor allem die mettwurstgroßen Dauerwürste namens *Kolbász*. Zu ihrer Herstellung verwendet man das Fleisch der Schweinerasse »Mangalitza«. Zentren der Salami- und Kolbászherstellung in Ungarn sind Budapest und Szeged.

## Szegediner und Budapester Salami

Für ungarische Salami, am bekanntesten die *Szegediner* und die *Budapester Salami*, nimmt man zwei Drittel mageres, entsehntes Schweinefleisch und ein Drittel Rückenspeck. Das Fleisch wird zunächst durch die Fünf-bis-sechs-Millimeter-Lochscheibe des Fleischwolfes getrieben und dann zusammen mit den Speckstücken einen Tag gekühlt. Anschließend wird alles mittelkörnig gewolft (Lochscheibe von zweieinhalb bis drei Millimeter) und mit gemahlenem weißem Pfeffer, mehr oder weniger scharfem Paprika oder Peperoni, Knoblauch und Tokajerwein gewürzt. Diese

Mischung füllt man nun in 40 Zentimeter langen Pferdedarm, bindet diesen zu und hängt die Wurst für zehn Stunden in Kaltrauch. Anschließend folgt die zwei- bis dreitägige Reifung. Nach drei bis vier Monaten Abtrocknungszeit ist die ungarische Salami mit 30 Prozent Gewichtsverlust relativ hart und wiegt dann etwa ein Kilogramm. Es gibt sie aber auch in Größen von 15 bis 70 Zentimetern Länge, dann wiegen sie 250 bis 1300 Gramm.

Der Salzgehalt der verkaufsfertigen Wurst beträgt maximal 4,5 Prozent. Die meisten Exemplare sind mit Edelschimmel überzogen. Einige zeigen eine typische schwarze Kunststoffhaut.

In Szeged stellt man auch Salamisorten her, die zu je einem Drittel aus Schweine-, Rindfleisch und Speck bestehen. Angeblich wird ungarische Salami mit sieben geheimgehaltenen Gewürzen aromatisiert.

Einmalig ist die *Szegediner Paprikasalami,* die einen auf der Zunge feurig erregt und die das Auge durch die vom scharfen Paprika gefärbten Speckkörnchen erfreut.

## Kolbász oder »Mir kocht der Blut«

Wer einmal einen Schweinebraten oder eine Lammkeule, gefüllt mit einer scharfen *Kolbász,* gegessen hat, der wird diese Dauerwurst nie mehr vergessen. Aber auch in dünne Scheiben geschnitten und mit Brot und Wein verzehrt, gehört die Kolbász, die in vielfältigen Sorten zu finden ist, zum Besten, was in Ungarn erzeugt wird.

Die Kolbászsorten bestehen aus magerem Schweinefleisch (70 Prozent) oder aus je einem Drittel Schweine-,

Rindfleisch sowie Speck. Zur Würzung wird gemahlener weißer Pfeffer, scharfer Paprika, süßer Paprika, Kümmel, Koriander und Knoblauch verwendet. Der Speck und die Hälfte des Fleisches werden nur sehr grob zerkleinert, etwa bohnengroß. Die Wurstmasse wird in dünne Schweinedärme gefüllt und muß drei bis vier Tage bei 18 bis 20 Grad Celsius und 85 bis 90 Prozent Luftfeuchte reifen. Anschließend wird sie 24 Stunden bei 18 Grad Celsius kaltgeräuchert. Die Trockendauer beträgt zwei bis drei Wochen oder auch sechs Wochen, je nach Gewicht. Einen Schimmelbelag tragen die Kolbászwürste nicht.

Besonders zu erwähnen sind die 200 bis 250 Gramm schwere *Gyulai Kolbász,* die *Csaba Kolbász* von 600 bis 800 Gramm, die 250 Gramm oder 600 Gramm dicke *Körös Kolbász,* die zusätzlich Senfkörner enthalten.

Aus dem Budapester Stadtteil Pest kommen die paprikareiche *Pesti Paprikas Kolbász* und die *Pesti Csipös Kolbász.*

Eine ganz ähnliche Form und Würzung haben auch die *Debrecziner Rohwürstchen.* Sie bestehen jedoch aus Schweinebauch mit etwas Rind- und Schweinefleisch. Die Debrecziner eignen sich vorzüglich zum Mitschmoren in Fleisch- und Paprikagerichten.

*Ungarische Salami ist seit Jahrzehnten ein typisches, erstklassiges Exportprodukt, während die meist feurig-scharfen Kolbász-Dauerwürste in Mitteleuropa nicht so bekannt sind.*

# Spanien: Unbekanntes Wurstland

Ganz zu Unrecht ist spanische Rohwurst in der Bundesrepublik praktisch unbekannt. Dort werden ausgezeichnete Dauerwürste mit hervorragendem südländischem Aroma produziert. Auf die knüppelharte Festigkeit dieser Würste weist die spanische Redensart »Que le den con morcilla« (daß man ihn mit der Wurst schlage!) hin.

Auch in Spanien wird die Rohwurstproduktion zunehmend aus der bäuerlichen Herstellung in industrielle Unternehmen verlagert. Außerdem werden die einheimischen Schweinerassen langsam durch die europaweit gezüchteten ersetzt. Gleichwohl bleibt die Herstellung von Dauerwurst auf hohem Niveau und orientiert sich an alten Traditionen. Dies wurde u.a. durch die Einführung der geschützten Herkunftsbezeichnung »Denominación de Origen« gefördert.

Spanische Rohwürste sind in gewisser Weise einmalig, weil früher nur Salz und Gewürze zugesetzt wurden und auf Salpeter oder gar Nitrit verzichtet wurde. Der Grund dafür sind die klimatischen Bedingungen der spanischen Gebirge. Da es beim Nitratzusatz aber weniger Fehlprodukte gibt, hat sich die Nitratverwendung durchgesetzt.

## El Chorizo

Von allen spanischen Rohwürsten ist der *Chorizo* die bekannteste. Chorizo gibt es in so vielen Sorten und Varianten, daß es sich lohnt, näher auf diese Vielfalt einzugehen. Beim Anschnitt fällt die typische Färbung durch reichlich Paprika auf.

Die Chorizowurst wurde früher aus dem Fleisch vom Schwein, Esel, Maultier und Pferd hergestellt. Heute findet man fast nur noch Schweine- und Rindfleisch darin.

Unter der Bezeichnung »Chorizo« firmieren keineswegs nur luftgetrocknete Dauerwürste, sondern es gibt auch warmgeräucherte, denen man Blut zugesetzt hat und die bald nach der Herstellung roh oder gekocht verzehrt werden müssen. In diesem Kapitel beschränken wir uns auf die Dauerwürste unter den Chorizos, die übrigens schon im 17. Jahrhundert bekannt waren.

Aus Andalusien stammt der *Chorizo de Huelva,* den man mit magerem Fleisch iberischer Schweinerassen herstellt. Das gekühlte Fleisch wird in Stücke von drei bis vier Zentimeter, der Speck in solche von 10 bis 12 Millimetern geschnitten. Beides wird mit Salz, gemahlenem roten Pfeffer und zerdrücktem Knoblauch vermischt und zum Reifen einen Tag lang bei fünf Grad Celsius aufbewahrt. Der Speckanteil beträgt nur 15 bis 20 Prozent. Die Masse wird in 40 bis 60 Zentimeter lange Schweinedärme gefüllt und kaltgeräuchert. Die Wurst muß nun einige Wochen abtrocknen. Sie weist außen nur wenige Schimmelflecke auf.

Ebenfalls aus Andalusien kommt der *Chorizo de la Sierra de Aracena,* der aus 60 Prozent magerem Schweinefleisch und 40 Prozent Bauchspeck erzeugt wird. Das Fleisch wird auf acht Millimeter zerkleinert und mit den Speckstücken zum Vorreifen kühl gelagert. Man gibt Salz, Peperoni und Knoblauch zu und füllt die Masse in vier Zentimeter dicken Rinderdarm. Nach dem Räuchern in Eichenholzrauch kann diese Chorizosorte frisch in Ringform verkauft werden. Sie wird dann gegrillt, gebraten oder roh verzehrt. Aber es gibt sie auch als länger gereifte Dauerwurst.

Der *Chorizo Asturiano* aus der nordspanischen Provinz Asturien ist recht kräftig mit Paprika, Knoblauch und Origano gewürzt. Im Anschnitt ist diese Wurst kräftig rot im Fleischteil, und der Speck ist leicht rot gefärbt. Die drei bis vier Zentimeter dicken Würste werden zwei bis drei Tage geräuchert und dann zwei bis drei Monate luftgetrocknet.

In der nordwestspanischen Region Cantabria werden zwei Sorten von Chorizo hergestellt: *Chorizo Cantabro* und *Chorizo de Potes.* Die erste Sorte wird in Eichenholzrauch geräuchert und besteht aus Schweinefleisch, Bauchspeck, Salz, Peperoni, Pfeffer und Knoblauch. Man verzehrt sie roh oder in Wein oder Trester gekocht. Der Chorizo von Potes wird so ähnlich hergestellt, ist aber zusätzlich mit Thymian und Origano gewürzt.

Im kastilischen Scheidegebirge im Gebiet um die Stadt Segovia wird der *Chorizo de Cantimpalos* produziert. Das ist eine kleine, nur zwölf Zentimeter lange Wurst aus 70 Prozent Schwein und 30 Prozent Speck sowie Salz, Peperoni, Origano und Knoblauch. Der Speck ist im Anschnitt deutlich als zehn Millimeter große Stücke zu erkennen. Außen sieht man einen an vielen Stellen unterbrochenen Schimmelbelag.

Aus der gleichen Gegend stammt der *Chorizo de Soria*, der außer dem Schweine- noch etwas Rindfleisch enthält und luftgetrocknet, aber auch geräuchert verkauft wird.

Ähnlich hochwertige Rohwürste sind der *Chorizo de Villarcayo* aus der Gegend von Burgos und der *Chorizo Zamorano*. Beide müssen bis zu vier Monate reifen.

Eine ungewöhnliche Kreation stammt aus der im Westen gelegenen Provinz Extremadura: *Chorizo de Patatero de Monroy*. Das ist eine Rohwurst, die aus magerem Schweinefleisch, Bauchspeck und Rückenspeck sowie zur anderen Hälfte aus gekochten Kartoffeln besteht und in Rinderdarm gefüllt ist. Gewürzt wird sie mit Salz, Knoblauch und scharfen Peperoni. Diese etwa vier Zentimeter dicke Wurst muß vier Wochen bei zehn bis zwölf Grad Celsius und 80 Prozent Feuchte vorreifen. Danach schnuppern sie für acht Monate die trockene Bergluft von Caceres. Im Laden werden diese Würste girlandenförmig aufgehängt. Sie werden im Extremadura roh wie auch gebraten verzehrt.

Bei La Coruña in Galicien findet man den kleinen *Chorizo Gallego*, der einen Monat geräuchert wird und deshalb einen intensiven Geschmack aufweist.

Aus Galicien kommt der *Chorizo de Ouzande de Bandeira*, der sich in dreieinhalb Zentimeter dicken, kurzen Därmen präsentiert. Wegen des feuchten Atlantikklimas bewahrt man diese Wurst in Steingutgefäßen unter Schweineschmalz auf. Auf diese Weise erreichen sie zwar nicht das Aroma luftgetrockneter Schweinswürste, aber sie zergehen auf der Zunge!

In der nördlichen Provinz Navarra trifft man auf den *Chorizo de Pamplona*, der im Gegensatz zu den anderen Sorten auch einen Rindfleischanteil (20 Prozent) aufweist.

Diese einen Monat luftgetrocknete Wurst ist sechs bis acht Zentimeter dick, 20 Zentimeter lang und recht feinkörnig. Sie wird nach dem Abfüllen in Darm geräuchert und schmeckt scharf.

Auf der anderen Seite des Ebrotales findet sich das Weinanbaugebiet von Rioja. Dort stellt man den *Chorizo de Rioja* und den *Chorizo Sabadeño* – beide aus Schweinefleisch und Speck mit Peperoni und Knoblauch – her.

## La Longaniza

*La Longaniza* ist eine Rohwurst, die man in Spanien schon seit Jahrhunderten kennt. Der Name stammt vom lateinischen Wort »longus« für »lang« ab. Sie zeichnet sich durch einen hohen Speckgehalt und vor allem eine reiche Knoblauchzugabe aus.

Die *Longaniza de Aragón* in der Provinz Zaragoza im Norden wird aus folgenden Zutaten zubereitet: 75 Prozent mageres Schweinefleisch, 15 Prozent Bauchspeck und zehn Prozent Rückenspeck, enthält also recht wenig Fett. Außerdem Salz, Pfeffer, Origano, Muskatnuß, Anis, Knoblauch und Nelken. Fleisch und Speck werden auf acht Millimeter zerkleinert und mit den Gewürzen vermischt. Diese Masse läßt man zwei bis drei Tage bei ein bis vier Grad Celsius ruhen und füllt sie dann in Schweine- oder Lammdarm des Kalibers 22 bis 32 Millimeter. Die so entstandenen Würste müssen drei bis vier Tage bei 15 bis 20 Grad Celsius und 60 bis 70 Prozent Feuchte reifen. Ihren letzten Schliff bekommen sie während der folgenden zwei Monate an der frischen Luft. Die Longaniza ist im Fleisch kräftig rot gefärbt, und die schönen weißen, runden oder ovalen Speckteilchen leuchten daraus hervor.

In Südostspanien fällt dem Touristen die dünne, lange, in Ring- oder U-Form aufgehängte *Longaniza de Murcia* auf. Dieses wunderbare Erzeugnis stellt man aus 60 Prozent Schweinefleisch, 40 Prozent Bauchspeck, Salz, Wein, Peperoni, Knoblauch, Zimt, schwarzem Pfeffer und ganzen Anissamen her. Je nach Klima wird diese Wurst etliche Monate luftgetrocknet.

Die *Longaniza de Pascua* stammt aus der Region Valencia und ist für eine Rohwurst ungewöhnlich, denn sie enthält Kalbfleisch, mit 30 Prozent sogar recht viel von diesem wasserreichen Fleisch! Die weiteren Zutaten sind 30 Prozent Schweinefleisch, 40 Prozent Speck, Salz, Anis und Pfeffer. Sie steckt in nur zwölf Millimeter weitem Darm und wird zehn Tage luftgetrocknet. Aus derselben Gegend kommt die kurze, etwas dickere *Llangonisa Rotja,* die nur aus durchwachsenem Speck besteht.

## La Caña de Lomo

*La Caña de Lomo* (wörtlich: das »Lendenrohr«) ist ein wegen ihrer Qualität und ihrer Länge von 70 Zentimetern weithin gerühmtes Produkt. Diese Wurst ist gut an der sich über die ganze Länge erstreckenden Rinne zu erkennen.

Die Caña de Lomo besteht aus dem Filet iberischer Schweinerassen und wird scharf mit Peperoni und Knoblauch gewürzt. Der Herstellungsprozeß läßt sich wie folgt beschreiben:

Die ganzen Schweinefilets werden auf null Grad Celsius

gekühlt, dann eingesalzen und 10 bis 14 Stunden so ruhen gelassen. Sodann werden sie abgewaschen und abgetrocknet, die Gewürze hinzugegeben, und so bleiben die Filets einige Tage liegen. Danach werden sie in passende Därme (50 bis 60 Millimeter) gefüllt und zwei Monate bei 17, später 14 Grad Celsius und 75 Prozent Feuchte gereift. In trockenen Zeiten verbrennt man Eichenholz und läßt den Rauch über die Wurstgebilde streichen, um die genannte Feuchte zu erreichen. Wegen der auf dem Darm abgelagerten Rauchkondensate bildet sich kein Schimmel.

Eine Scheibe dieser Wurst ist typisch herzförmig und zeigt ganz feine Streifen vom Fett des Filets.

Sehr ähnliche Erzeugnisse sind die *Lomo Embuchados de Segovia* oder *de Salamanca* aus dem westlichen Mittelspanien. In Extremadura im Westen gibt es ebenfalls einen *Lomo Iberico.*

## El Chosco

Ein ganz ungewöhnliches Erzeugnis ist der *Chosco* aus Asturien. Dieser besteht zur Hälfte aus Schweinezunge, zu 35 Prozent aus magerem Schweinefleisch und 15 Prozent Bauchspeck, ist also recht fettarm. Auch Schweinehals wird manchmal zugegeben. Gewürzt wird mit Salz, scharfem Paprika und Knoblauch. Der Chosco ist eine dicke, runde und kurze Rohwurst, deren Speck und Fleisch marmorähnlich verteilt sind.

Der Chosco muß zwei bis vier Monate an der Luft reifen. Unter manchen Aspekten entspricht er der italienischen Coppa, auch wenn diese keine Zunge enthält.

*Die Salame Felino (links) kommt aus der italienischen Provinz Emilia und wird aus Schweinefleisch und Rückenspeck bester Qualität hergestellt; rechts eine Langhirano Litterio aus Parma.*

*Eine Ringsalametti aus dem traditionsreichen Haus Grossmann, das 1624 in Coburg gegründet wurde.*

*Rohwürste aus der Schweiz:*
*rechts eine Appenzeller Alpsteinwurst, luftgetrocknet und nach Hausmacherart hergestellt, links eine Salamella Rustica, in der Mitte eine Salzise.*

## La Sobrasada

Ebenso wie die italienische Soppressata stellt die *Sobrasada* eine dicke Dauerwurst dar. Am bekanntesten in ganz Spanien ist die *Sobrasada Mallorquina.* Sie wird nicht wie ihre italienische Schwester rechteckig gepreßt, sondern ist rund. Man stellt sie folgendermaßen her:

Mageres Schweinefleisch (38 Prozent), Bauchspeck (27 Prozent) und Speck (35 Prozent) werden mit der Fünf-Millimeter-Lochscheibe durch den Wolf getrieben und mit Salz, Peperoni und schwarzem Pfeffer versehen. Nach einem Tag Vorreifen füllt man die Masse in dicke, weite Schweinedärme und läßt die Würste einen Monat oder etwas länger bei 15 bis 18 Grad Celsius und 75 bis 80 Prozent Luftfeuchte reifen. Die Sobrasada aus Mallorca wird in Scheiben auf Brot serviert.

Ebenfalls eine Sobrasada ist der *Poltru de Menorca.* Diese gewaltige Rohwurst wird auf Menorca nur zu besonderen Anlässen wie Hochzeiten oder kirchlichen Festen hergestellt.

Die *Sobrasada de Alicante* besteht aus 30 Prozent magerem Schweinefleisch, 30 Prozent Rückenspeck und 40 Prozent durchwachsenem Speck. Sie reift bis zu drei Monate lang.

## La Imperial de Bolaños

Die kleine Dauerwurst namens *Imperial de Bolaños* stammt aus Castilla-La Mancha südlich von Madrid. Sie wird aus drei Vierteln Schweinefleisch und Speck mit Pfeffer, Muskat und Origano hergestellt und ist im Fleisch feinkörnig, im Speck relativ grob. Nach zwei Wochen Reifung ist die ca. vier Zentimeter dicke Wurst unregelmäßig von Schimmel überzogen.

## Buche & Morcón

*El Buche de Costillas de Badajoz* und *El Morcón Extremeño* sind 10 bis 15 Zentimeter dicke Kugeln, die mit Kordel umwickelt sind. Der Buche (sprich: Butsche), was »Magen« bedeutet, wird mit 50 Prozent Schweinefleisch, 25 Prozent Speck, fünf Prozent Schweineschwanz, fünf Prozent Zunge sowie Rippenfleisch und Brust hergestellt. Gewürzt mit scharfem Peperoni und Knoblauch, wird die Masse in Schweinemagen gefüllt und luftgetrocknet.

In der Küche findet man oft Scheiben des Buche in einem Eintopf oder einer dicken Suppe.

Nur mageres Schweinefleisch in sehr großen Stücken, keinen Speck, wohl jedoch Peperoni und Knoblauch enthält der Morcón. Er muß sechs Monate im Schweineblinddarm an der Luft trocknen und ist dann an der Oberfläche schimmelig und unregelmäßig.

## El Salchichón de Vic

Eine besonders lang gereifte Dauerwurst ist der *Salchicón de Vic*. Sie stammt aus einer Stadt nördlich von Barcelona. Sie ist bis 60 Zentimeter lang, und Scheiben davon sind schön rot mit ziemlich großen weißen Speckstücken. Der

Speckanteil ist mit 10 bis 15 Prozent sehr niedrig; der Rest ist Schweinefleisch. Gewürzt wird mit gemahlenem weißem Pfeffer und ganzen schwarzen Pfefferkörnern. Nach Abschluß der fünf- bis elfmonatigen Reifezeit kann man diese Wurst leicht an dem violett-weißlichen Schimmel auf dem Naturdarm erkennen.

## El Fuet de Barcelona

Ebenfalls aus Katalanien stammt der *Fuet de Barcelona*. Das ist eine dreieinhalb Zentimeter dicke Wurst aus magerem Schweinefleisch (60 Prozent) und Bauchspeck (40 Prozent). Sie wird auch *Secallona, Espatec* oder *Sumaya* genannt. Nach dem Lufttrocknen ist außen ein dichter Schimmelrasen entstanden.

Diese Wurst ist feinkörnig und besticht durch ein mildes Aroma.

## El Botelo de Galicia

Dieses unregelmäßig geformte Ungetüm von Rohwurst namens *Botelo de Galicia* stammt aus dem Gebiet um Lugo in Galicien und entspricht in seiner Zusammensetzung auch dem Äußeren.

Kleine Stückchen von Schweinerippenfleisch, Lende, Schabefleisch, Schwarte, Speck und Flomen werden mit süßem und scharfem Paprika, Knoblauch und Origano gewürzt. Die gekühlte Masse muß zehn Tage vorreifen, wird dann in Schweinemägen oder Blinddärme gefüllt und einige Tage im Rauch von Eichenholz und Lorbeer geräuchert. Sodann muß der Botelo drei Monate lufttrocknen.

*Die bekanntesten spanischen Rohwürste sind der Chorizo, den es in vielen Varianten gibt und der fast immer recht scharf gewürzt ist, die dünne lange Longaniza und die aus Schweinefilet bestehenden Lomo-Sorten.*

# Kleiner Streifzug durch weitere Wurstlandschaften

Wenn auch die Rohwürste weiterer Länder meist wenig bemerkenswert sind, so sollen doch einige aufgezählt werden, und sei es um der Kuriosität willen. So wird der Streifzug durch die Wurstlandschaften bei der Schweiz beginnen und in China noch lange nicht enden.

## Schweiz: Alpenklüpfer & Co.

Der Schweizer *Alpenklüpfer* ist dem Landjäger ähnlich, nur etwas dicker. *Berner Beinwurst* ist eine luftgetrocknete Spezialität aus zwei Dritteln Rindfleisch und einem Drittel Rückenspeck; sie wird so lange an der Luft getrocknet, bis sie hart (»beinhart«) geworden ist. Schweizer *Jägerwurst* entspricht dem Landjäger. Die *Graubündner Dauerwurst* ist eine dicke, luftgetrocknete Wurst aus Rind- und Schweinefleisch. Sie ist mit Edelschimmel überzogen und hat ein pfeffriges Aroma.

Über den Schweizer *Landjäger* oder *Gendarme* hat sich Carl Spitzweg lobend geäußert. Aber: »Die ziemlich verbreitete Meinung, daß der Hauptbestandteil derselben aus

Steinbockfleisch und Murmeltierspeck bestehe, oder aus Fleisch von durch Sturz verunglückten Touristen - oder gar von erschossenen Landvögten, gehört wohl ins Reich der Märchen.«

*Graubündner Dauerwurst* besteht aus 35 Prozent Rind- und 40 Prozent Schweinefleisch und 25 Prozent Speck, wird mit Pfeffer und Rotwein gewürzt und luftgetrocknet. Sie ist recht grob. *Pantli* sind geräucherte Dauerwürste mit sehr intensivem Aroma und mittelgrober Körnung.

## Österreich: Kantwurst und Sulmtaler Krainer

Im Nachbarland Österreich kommt die drei Zentimeter dicke, grobe *Kantwurst* vor. Sie wird geräuchert und besteht aus Rind- und Schweinefleisch. Eine Wurstspezialität aus dem Sulmtal in der Steiermark ist der *Sulmtaler Krainer*. Er besteht aus Schweinefleisch, wird leicht geräuchert und dann luftgetrocknet. Er ist 15 Zentimeter lang und drei Zentimeter dick und wird in der Steiermark kalt zur »Weinjause« gegessen, aber auch warm mit gedünstetem Sauerkraut. In Kärnten ist die Herstellung geräucherter »Hauswürstel« noch weit verbreitet; man bekommt sie dort als Bestandteil der Brettljause.

## Jugoslawien: Sudjuka & Co.

Im jugoslawischen Slowenien wird die *Kranjska Koblasa*, also die Krainer Wurst, die eine geräucherte Schweinswurst mit Pfeffer und Knoblauch ist und in Paaren zu je

15 Zentimetern angeboten wird, zum Verzehr gekocht und mit Weiß- oder Rotkohl gegessen. Im Süden, in Bosnien und Herzegowina, gibt es die deftige *Sudjuka.* Das ist eine luftgetrocknete Wurst aus Rind- und Hammelfleisch. Ebenfalls geräuchert und grobkörnig ist die *Kulen,* die aus Schweinefleisch besteht. Gleichartig ist die *Sremska Kobasica,* die aber sehr scharf ist.

## Bulgarien: Ambaritsa & Co.

Bulgarien hat einige durchweg scharfe Rohwürste anzubieten: die *Ambaritsa* (geräuchert, Rind und Schwein, fünf Zentimeter dick), die *Babek* (luftgetrocknet, grobkörnig, nur Schwein, acht Zentimeter dick), die *Kalofer* (geräuchert, mittelkörnig, Rind und Schwein, sechs Zentimeter dick), die *Loukanka* (geräuchert oder luftgetrocknet, Rind und Schwein).

## Norwegen: Farremorr & Farepölse

Interessante Erzeugnisse könnten aus Norwegen importiert werden. Norwegische Schafswurst besteht zu gleichen Teilen aus magerem, entsehntem Lamm- und Rindfleisch und ganz wenig Lammfett. Insgesamt enthalten diese mittelkörnigen Würste weniger als zehn Prozent Fett. Gewürze werden nicht zugegeben; man räuchert sie kalt und läßt sie einen Monat reifen. Der *Farremorr* enthält außerdem Pferdefleisch und wird mit Blut angesetzt. Der *Farepölse* wird ebenso hergestellt, jedoch ohne Blut, und enthält zusätzlich zum Pferdefleisch auch solches von Ziegen.

## Sowjetunion: Moskovskaya & Co.

Wenn nicht gerade eine Lebensmittelknappheit herrscht, kann man in den russischen Teilen der UdSSR geräucherte und stark gewürzte Rohwürste namens *Servelat, Sovetskaya, Moskovskaya* und *Stolitchnaya* auftreiben. Sie bestehen meist aus Rind- und Schweinefleisch. Früher war die *Kleinrussische Wurst* eine begehrte Sache. Sie besteht aus feinstzerkleinertem Rindfleisch (15-Prozent-Anteil), 45 Prozent magerem Schweinefleisch und nur sehr grob zerkleinertem Schweinebauch und wird in Hammeldünndarm kaltgeräuchert.

## USA: Mennonitenwurst

Aus dem Tilsiter Raum stammt die auf einem alten Rezept der Mennonitenbrüder basierende *Mennonitenwurst,* die man heute in den östlichen USA finden kann. Sie wird aus Schweinefleisch und Rückenspeck unter Zugabe von Pfeffer zubereitet.

Bei der Herstellung werden ein Teil des Fleisches und der Speck auf Reiskorngröße zerkleinert und in Rinderblinddärme gefüllt, die vorher in Rinderblut eingelegt worden sind. Danach werden die Würste einen Tag im Rauch von Nadelholz mit Wacholder geräuchert, wodurch sie eine sehr dunkle Farbe erhalten.

## China: Lup Cheong

Die Herstellung von Rohwurst in China unterscheidet sich völlig von der europäischen Methode. Die Schweinefleisch-Rohwurst *Lup Cheong* wird aus grob zerkleinertem Fleisch, 10 Prozent Zucker und 2 Prozent Salz hergestellt. Die Wurstmasse wird in dünne Schweinsdärme gefüllt und etwa fünf Stunden bei 45 Grad Celsius über Holzkohlenfeuer so stark getrocknet, daß ein $a_w$-Wert von 0,70 erreicht wird. Durch diese extreme Abtrocknung wird ein Einfluß jeglicher Mikroorganismen völlig unterbunden. Vor allem die säuernden Milchsäurebakterien spielen hier keine Rolle, so daß der pH-Wert mit 5,7 bis 5,9 recht hoch bleibt. Solche Würste werden ausschließlich durch die schnelle Trocknung mikrobiologisch stabil. Chinesische Rohwurst wird immer warm als Bestandteil eines Gerichtes verzehrt.

*Die Kunst, Rohwurst herzustellen, stammt aus Europa und aus China. Außerhalb dieser Länder findet man nennenswerte Produktionen nur noch in den USA und in der UdSSR. Als Rohmaterial dient das Fleisch vom Schwein, Rind, Schaf, Ziege, Pferd, Esel und Maultier.*

# Salami & Co. kaufen, aufbewahren und verarbeiten

Oft sieht man an der Wursttheke von Supermärkten und Kaufhäusern malerisch dekorierte Salamischeibchen auf Strohmatten oder Palmenblättern. Das mag zwar hübsch aussehen und vielleicht den Verkauf fördern, aber der Schaden für das empfindliche Wurstaroma ist groß. Das gilt ganz besonders, wenn die zur Schau gestellten Wurstscheiben von ultraviolettreichem Licht oder Wärmestrahlung aus Lampen beschossen werden. Auch durch tagelanges Liegen verdampfen die leicht flüchtigen Aromastoffe, und zurück bleibt nichts von dem ursprünglichen Duft.

## Statistisches zur Rohwurst

Von allen eingekauften Fleischwaren eines bundesdeutschen Durchschnittshaushaltes haben Rohwürste einen Anteil von etwa 15 Prozent. Dabei überwiegt die schnittfeste Rohwurst bei weitem, denn streichfähige Rohwurst hat nur einen kleinen Marktanteil.

Die Einkäufe werden gleich verteilt bei Metzgereien, Verbrauchermärkten und Kaufhäusern sowie Discountläden getätigt. Nach Angaben des Statistischen Bundesamtes werden in der Bundesrepublik Deutschland derzeit ca. 250 000 Tonnen Rohwurst produziert. In dieser Zahl sind sowohl schnittfeste als auch streichfähige Rohwürste enthalten. Die Tonnage entspricht einem Warenwert von ca. 2,4 Milliarden DM, also etwa 10 DM pro Kilo.

Aus der Bundesrepublik ausgeführt wurden 1988 ca. 5300 Tonnen Rohwürste. Davon gingen ca. 90 Prozent in Länder der Europäischen Gemeinschaft. Dem standen Rohwursteinfuhren von ca. 7000 Tonnen gegenüber, wobei aus Frankreich und Italien praktisch nur Dauerwurst importiert wurde.

## Hinweise zum Kauf

Dauerwurst sollte möglichst nicht geschnitten gekauft werden, es sei denn, der Metzger schneidet sie frisch auf. Andernfalls geht viel vom Aroma verloren. Zum Selbstaufschneiden sehr harter Dauerwürste braucht man ein großes, glattes, sehr scharfes Messer ohne Sägezahnschliff.

Wie soll nun die zu kaufende, ganze Dauerwurst aussehen? Wenn sie nicht geräuchert ist, soll sie einen weißen Schimmelrasen oder weiße Schimmelflecken auf der Schale aufweisen. Ein die Wurst vollständig bedeckender Schimmelrasen wird nach dem Füllen in den Darm durch Tauchen in Schimmelpilzkulturen erzeugt. Dadurch können manchmal Produktionsfehler überdeckt werden. In jedem Fall ist der weiße Schimmel hygienisch unbedenklich.

Bei geräucherter Dauerwurst, die nachträglich von

Schimmel befallen wird, kann man dies nicht mit Sicherheit behaupten.

Wie soll Qualitätsdauerwurst riechen? Luftgetrocknete Wurst soll, von außen berochen, einen angenehmen, leichten Schimmelgeruch bieten. Geräucherte Produkte dürfen einen nur leichten Rauchgeruch vermitteln. Ranzig oder sauer riechende Wurst sollte man nicht kaufen. Gegen einen ganz leichten Käsegeruch ist nichts einzuwenden.

Wie fest sollte eine Dauerwurst sein? Ob man eine völlig harte oder eine halbweiche Rohwurst liebt, ist eine Geschmacksfrage. Gibt die Wurst dem Fingerdruck zu stark nach oder läßt sie sich gar dauerhaft eindrücken, so ist sie nicht ausreichend abgetrocknet. Auf jeden Fall hält sich ein solches Produkt nicht lange. Im Gegensatz dazu bietet eine harte Wurst immer die Garantie, völlig ausgereift zu sein.

Welches Bild muß die Wurst im Anschnitt bieten? Das Fett muß reinweiß sein, es sei denn, es ist mit Paprika schön rot gefärbt. Ist es gelblich, so ist es wahrscheinlich ranzig. An der Oberfläche soll kein ausgeschwitztes Fett hervortreten. Das weist auf zu hohe Lagertemperaturen hin.

## Die richtige Lagerung und Rohwurstfehler

Nach dem Kauf sollte man die Folie entfernen, die Wurst in ein Küchentuch wickeln und sie in einem kühlen Raum lagern. Wenn bei warmem Wetter kein kühler Raum zur Verfügung steht, bewahre man die Wurst lieber im Gemüsefach des Kühlschrankes auf, bevor sie in der Wärme ranzig wird. Dazu soll sie locker mit Alufolie umwickelt werden.

Dauerwurst wird am besten bei Temperaturen von 12 bis 18 Grad Celsius luftig und trocken aufbewahrt. Dann hält sie sich einen oder zwei Monate. Wenn sie einmal angeschnitten ist, sollte die Schnittfläche mit Alufolie abgedeckt werden, damit weder Luft noch Licht daran kommen. Darum wickelt man das schon erwähnte Küchentuch. Ist es zu kalt oder die Feuchte zu hoch, wird die Schnittfläche leicht grau.

Man kann seine Würste natürlich mangels Vorratsraum auch wie der Philosoph und Physiker Georg Christoph Lichtenberg aufbewahren: »Die Würste sind angeschafft und hängen würklich auf meiner Bibliothek zwischen den Wercken Shakespeares und Humes.«

Stellt man bei gelagerter Wurst Neubildung von Schimmel fest, so kann man diesen mit Küchenpapier abwischen oder mit lauwarmem Salzwasser abwaschen. Bei geöffnetem Fenster soll die aufgehängte Wurst dann trocknen.

Riecht sie deutlich nach Käse, etwa wie ein überreifer Camembert, ist die Wurst zwar noch eßbar, sie schmeckt aber schon scharf nach Ammoniak, und der Wohlgeschmack ist hin. Das Leben einer solchen Wurst wird bald beendet sein.

Luftgetrocknete Würste mit ihrem Schimmelrasen können von der Käsemilbe befallen werden, die den Schimmel mit Leidenschaft abweidet. Da hilft nur wegwerfen. Um diese Tierchen fernzuhalten, werden Luftgetrocknete manchmal nach Abschluß der Reifung mit Methylbromid begast. Ob das allerdings sehr gesund ist, bleibt zweifelhaft.

Woran erkennt man, daß eine Dauerwurst ungenießbar ist? Bei nitritgepökelter und nur schwach abgetrockneter

Ware erkennt man das leicht an der leicht grünlich schimmernden Oberfläche der Scheiben.

Ein grauer Kern weist auf abgebrochene Umrötung, zu schnelles Trocknen oder zu kühle Lagerung hin. Ein grauer Rand wird durch Zugluft, zu kühle Temperaturen oder zu viel Licht verursacht.

Eine trotz ausreichender Abtrocknung zu weiche Ware entsteht durch zu schnelle Säuerung als Folge zu hoher Zucker- oder GdL-Zugaben. Zu hohe Zuckerzugaben bewirken, daß die Milchsäurebakterien auch zur Essigsäuregärung kommen und so die Wurst kratzig-sauer schmeckt und stechend riecht. Ein solches Produkt kann man roh nicht mehr essen, aber in Wasser weichgekocht einem Gericht zugeben.

Zu starke Säuerung kann auch zu Porenbildung und Rissigkeit als Folge der Bildung von Kohlendioxid führen. Auch können beim Aufschneiden im Innern schleimartige Fäden von bestimmten Milchsäurebakterien beobachtet werden. Es ist besser, vom Verzehr solcher Würste Abstand zu nehmen. Aus ästhetischen und hygienischen Gründen gilt dies bei jeder Art von Absonderlichkeiten in Aussehen, Geruch oder Geschmack.

Zum Glück ist Dauerwurst gegenüber Bakterien, die die gefürchteten, tödlichen Botulinum-Toxine erzeugen, sehr resistent. Auch die krebserzeugenden Aflatoxine, die von dem Schimmelpilz Aspergillus gebildet werden, spielen bei Rohwürsten keine Rolle.

Ein anderer weißer Belag, der bei länger abgehängten Dauerwürsten zu finden ist, ist der Salzausschlag. Es handelt sich dabei um einen weißen, dünnen Überzug, den man im Gegensatz zum Schimmel nicht ohne weiteres abwischen kann. Dieser Überzug aus Kochsalz löst sich sehr gut in Wasser auf. Wenn man dagegen Schimmel- oder Hefebelag mit wenig Wasser verrührt, bleibt dieses trübe.

## Die Dauerwurst in der Küche

Salami, Kolbász, Eichsfelder und die vielen anderen Dauerwurstsorten wurden früher gar nicht vorrangig hergestellt, um ebensolche zu bekommen, sondern man war nach dem Schlachten gezwungen, möglichst viel Fleisch dauerhaft zu konservieren.

Während heute den Edelwürsten Ehrfurcht entgegengebracht wird und sie nur kalt als Vorspeise mit passendem Obst gereicht werden, hat man sie früher z.B. in Eintöpfen mitgegart. Diese Art findet man auch heute noch in ländlichen Rezepten, beispielsweise bei den norddeutschen Grünkohlgerichten. Dagegen ist bestimmt nichts zu sagen, wenn eine hochwertige, ausgereifte Mettwurst verwendet wird. Aber bitte nicht diese nach Chemie duftende Massenware!

Grundsätzlich hat man verschiedene Möglichkeiten, eine Edeldauerwurst zu genießen:

- ▷ Als Bestandteil einer kalten Vorspeise oder einer Wurstplatte, in feinen Scheiben (die Haut vorher abziehen!)
- ▷ Als ländlicher Imbiß ganz auf dem Brett mit einem Messer serviert (in Frankreich und in den südeuropäischen Ländern ißt man solche Wurst nicht auf dem Brot, sondern zum ungebutterten Brot, mit etwas feinem Obst)

▷ In Teig gebacken, in kleinen oder großen Stücken oder ganz
▷ Mitgeschmort oder mitgekocht

Serviert man Salami & Co. als Vorspeise, sollten sie in Scheiben gefällig angerichtet zum Aperitif angeboten werden. Dazu muß man sie vor dem Anschneiden etwas kühlen, damit in warmen Räumen oder im Sommer nicht gleich das Fett heraustritt.

Sehr eindrucksvoll ist Wurst im Briocheteig, eine Spezialität aus der Küche von Lyon. Dazu nimmt man eine dicke, lange Schweinswurst, vielleicht eine *Salame Varzi* oder eine *saucisson sec pur porc*, setzt sie in kaltem ungesalzenem Wasser auf und läßt sie eine Stunde bei etwa 90 oder 95 Grad Celsius gar ziehen. Sie muß im Kochsud auskühlen. Dann wird sie gehäutet und in den heißen Backofen gelegt, damit die Hauptmasse des Fetts ausläuft. Das Fett wird abgeschüttet, und die Wurst wird mit Rotwein begossen und im Ofen getrocknet. Sodann wird sie, wieder erkaltet, in Briocheteig eingewickelt und im Ofen gebacken.

Ebenfalls aus Lyon stammt ein einfaches Rezept für eine luftgetrocknete harte Dauerwurst: Die Wurst setzt man in kaltem Wasser mit einem Kräuterbündelchen (bouquet garni) und läßt sie eine Stunde gar ziehen. Dazu reicht man Salzkartoffeln mit Butter und einen schönen Beaujolais.

Wunderbar ist auch die klassische deutsche Erbsensuppe, in der man eine scharfe Chorizo oder einen Cacciatore mitziehen läßt. Natürlich muß die Wurst vorher in Wasser pochiert werden, wie es schon beschrieben worden ist.

Eine deftige Leckerei für Feiern mit einem rustikalen Buffet ist ein Dauerwurstkuchen aus Brotteig. Er sieht aus wie ein riesiger Brotlaib und wird warm oder kalt serviert.

Dabei werden mehrere, auch verschiedene Dauerwürste mit Brotteig umhüllt, nebeneinander und übereinander geschichtet, mit Teigstreifen gefällig dekoriert und im Ofen gebacken. Vor dem Einschlagen in Teig müssen die Würste allerdings auf gleiche Länge geschnitten und gehäutet werden. Man kann sie auch mit einer Gewürzpaste bestreichen. Der Brotteig sollte ausreichend dick auf den Würsten sein.

Herstellung von Rohwurst zu Hause: Da es sich bei der Rohwurstherstellung um ein uraltes Verfahren aus der bäuerlichen Tradition handelt, ist es einem Privathaushalt durchaus möglich, dies selbst zu tun. Allerdings braucht man einen Reiferaum, in dem die mittlere Temperatur zwischen acht und zwölf Grad Celsius liegt, nicht über 15 Grad Celsius ansteigt, eine Luftfeuchte von 75 bis 80 Prozent machbar ist und der luftig, aber nicht zugig ist. In den heutigen Neubauten dürfte solch ein Raum kaum zu finden sein. Außerdem soll die Sonne nicht hineinscheinen (Nordseite).

Der Raum, in dem das Fleisch und der Speck zur Wurstmasse zerkleinert werden, muß eine so niedrige Temperatur gewährleisten, daß die Wurstmasse niemals wärmer als plus vier Grad Celsius wird. Dieser Raum muß also im Winter noch kälter sein. Auch braucht man einen guten Fleischwolf mit Füllaufsätzen.

Alle Zutaten, ebenso auch Därme, sind im Metzgereifachhandel erhältlich. Die Zutaten, wie vor allem Gewürze, müssen absolut keimfrei sein. Penible Sauberkeit und Hygiene sind fast noch wichtiger als die Qualität des Rohmaterials. Das Fleisch und der Speck müssen beim Metzger unter Angabe des Verwendungszwecks besorgt werden;

denn sonst wird er Ihnen Fleisch von zu jungen Tieren verkaufen.

Wenn man seine Würste räuchern will, so wird ein Kalträucherschrank benötigt. Das Kalträuchern wird nach einer Woche Umrötungszeit begonnen; es dauert täglich eine Stunde über mindestens eine Woche lang. Allerdings: Eine Salami, Plockwurst oder Kolbász kann man auf diese Weise nicht erzeugen.

*Salami & Co. sollten am Stück gekauft und erst kurz vor dem Verzehr aufgeschnitten werden, damit das Aroma nicht verfliegt. Man bewahrt die ganze Wurst am besten bei 12 bis 18 Grad Celsius luftig und trocken auf. Edle Dauerwürste sollte man roh in Scheiben essen, sie können aber auch mitgekocht oder mitgeschmort oder im Teig gebacken werden.*

# Glossar

**Abkürzungen**
DW = Dauerwurst
R = Rindfleisch
RW = Rohwurst
S = Schweinefleisch

**Aalrauch-Mettwurst:** Kaltgeräucherte, mittelkörnige RW, meist nur Schweinefleisch, Deutschland.
**Alpenklüpler:** Halbfeste DW, dem → Landjäger ähnlich, Schweiz.
**Ambaritsa:** Mittelgroße, geräucherte DW aus R und S, scharf, Bulgarien.
**$a_w$-Wert:** Anteil von freiem Wasser in Fleischprodukten (1,0 steht für reines Wasser, 0,0 für wasserfreie Stoffe).
**Babek:** Luftgetrocknete DW aus S, grobkörnig, scharf, Bulgarien.
**Baudruche:** Luftgetrocknete DW aus Schweinenacken, Frankreich.
**BEFFE:** Abkürzung für *b*indegewebs*e*iweiß*f*reies *F*leisch*e*iweiß, also für Muskelfleischeiweiß.
**Berner Beinwurst:** Luftgetrocknete DW aus R und S, Schweiz.
**Blasenmettwurst, Göttinger:** Grobe RW, nur S, in Kalbsblase, Deutschland.
**Blasenmettwurst, Lübecker:** Grobe RW, aus R und S, in Kalbsblase, Deutschland.
**Bondiana:** Grobkörnige, dicke Salamisorte, Italien.
**Botelo de Galicia:** Geräucherte DW aus fettem S mit Flomen, Speck und Schwarte im Schweinemagen, Spanien.
**Buche:** Luftgetrocknete, scharfe DW aus S im Schweinemagen, Spanien.
**Cacciatori:** Kleinere, luftgetrocknete DW aus S und R, Italien.

**Caña de Lomo:** Geräucherte DW aus ganzem Schweinefilet, Spanien.
**Capocollo:** DW aus S, von Kopf und Hals, vor dem Pökeln in Rotwein eingelegt, Italien.
**Capocollo Pugliese:** Geräuchert, sehr scharf, Italien.
**Capocollo Umbro:** Aus Schweinelende, die vorher in Weißwein mariniert wurde, Italien.
**Cervelas de Lyon:** → Cervelas truffé.
**Cervelas truffé:** Cervelatwurst mit Trüffeln und Pistazien, Frankreich.
**Cervelat:** Dicke, feinkörnige RW, Deutschland.
**Cervelat, Braunschweiger:** Mehr S als R.
**Cervelat, Gothaer:** R und S, mit Kardamom.
**Cervelat, Holsteiner:** Mehr R als S, katengeräuchert.
**Cervelat, Thüringer:** R, mit Kümmel, mittlere Körnung.
**Cervelat, Westfälische:** Viel S, wenig R, mit Steinhäger.
**Chasseurs:** Kleine RW aus R und S, Frankreich.
**Chorizo:** Luftgetrocknete oder geräucherte DW aus S mit R, Spanien.
**Chorizo Asturiano:** Geräuchert, mit viel Paprika und Knoblauch, Origano.
**Chorizo Cantabro:** Geräuchert, S mit Bauchspeck, scharf.
**Chorizo de Cantimpalos:** Kleine DW mit sehr grobem Speck, nur S.
**Chorizo Gallego:** Klein, geräuchert.
**Chorizo de Huelva:** Geräuchert, speckarm, nur mit S.
**Chorizo de Ouzande de Bandeira:** Kleine, zarte DW, nur S, in Schmalz aufbewahrt.
**Chorizo de Pamplona:** Dick, luftgetrocknet, aus S und R, scharf.
**Chorizo de Patatero de Monroy:** Scharfe RW aus S, Bauchspeck, Rückenspeck und gekochten Kartoffeln.
**Chorizo de Potes:** Wie → Chorizo Cantabro, aber mit Thymian.
**Chorizo de Rioja:** Aus S mit Peperoni und Knoblauch.
**Chorizo Sabadeño:** Wie → Chorizo de Rioja.
**Chorizo de la Sierra de Aracena:** Aus S und Bauchspeck, geräuchert, meist keine DW.
**Chorizo de Soria:** Luftgetrocknet oder geräuchert, aus S und R.
**Chorizo de Villarcayo:** Wie → Chorizo de Rioja.
**Chorizo Zamorano:** Wie → Chorizo de Rioja.
**Chosco:** Dicke, runde und kurze RW aus S, Bauchspeck und Schweinezunge, Spanien.
**Dauerwurst:** Eine schnittfeste Rohwurst, die einige Monate lagerfähig ist.
**Debrecziner Rohwürstchen:** Kleine DW, vorwiegend aus Schweinebauch, Ungarn.
**DFD:** Dunkles, festes und trockenes Frischfleisch.

**Dürre Hunde:** → **Dürre Runde**

**Dürre Runde:** Lange, dünne RW aus Schweinebauch, geräuchert, Deutschland.

**Espatec:** → Fuet de Barcelona.

**Farepölse:** Geräucherte DW aus Pferd, Lamm, Rind und Ziege, Norwegen.

**Farremorr:** Geräucherte DW aus Lamm, Pferd und Blut, Norwegen.

**Feldkieker:** Geräucherte oder luftgetrocknete DW, aus feinstkörnigem S mit grobem Speck, in Kalbsblase, Deutschland.

**Ficatella:** Halbfeste RW mit Leber, Korsika/Frankreich.

**Finocchiona:** Dicke DW aus Schweinebacke, enthält Fenchel, Italien.

**Fuet de Barcelona:** Kleine, luftgetrocknete DW, nur S und Bauchspeck, feinkörnig, mild, Spanien.

**GdL:** Gluconsäure-delta-Lacton, ein Zusatz zur Beschleunigung der Umrötung.

**Göttinger Schinkenwurst:** DW nur aus Schweinebauch mit Pfeffer- und Senfkörnern, Deutschland.

**Graubündner Wurst:** Luftgetrocknete, grobe DW aus R und S, Schweiz.

**Imperial de Bolaños:** Kleine DW aus S mit grobem Speck, Spanien.

**Jägerwurst:** Wie → Landjäger.

**Jésus sec:** Straußeneigroße DW aus feinkörnigem S, Frankreich.

**Judru:** Dicke Schweins-DW mit Kräutern, Frankreich.

**Kalofer:** → Geräucherte DW aus R und S, Bulgarien.

**Kantwurst:** Kleine, geräucherte DW aus R und S, grob, Österreich.

**Katenrauchwurst:** DW aus vorgeräuchertem, dann erst zerkleinertem S, Deutschland.

**Kleinrussische Wurst:** → Geräucherte DW aus S und R.

**Klimareifung:** Reifung in klimatisierten Räumen.

**Knoblauchwurst:** Mettwurstartige, geräucherte RW, Deutschland.

**Kolbász:** Kleinere DW aus S und R, geräuchert, grob, scharf und knoblauchreich, Ungarn.

**Kolbász, Csaba:** Mittelgroß.

**Kolbász, Gyulai:** Klein.

**Kolbász, Körös:** Mittelgroß, mit Senfkörnern.

**Kolbász, Pesti Csipös:** Aus Pest.

**Kolbász, Pesti Paprikas:** Mit reichlich Paprika.

**Kranjska Koblasa:** Geräucherte, kleinere Schweinswurst, Jugoslawien.

**Kulen:** Geräucherte, grobe DW aus S, Bulgarien.

**Lakereifung:** Pökelung der Wurst in Salz-Salpeter-Lösung.

**Landjäger:** Dünnes, rechteckig gepreßtes, kleines Rohwürstchen aus R und S, Deutschland, Schweiz, Österreich.

**Landmettwurst:** RW aus Schweinebauch und S, Deutschland.
**Llangonisa Rotja:** DW nur aus durchwachsenem Speck, knoblauchreich, Spanien.
**Lomo Embuchado:** Geräuchertes, Schweinefilet, im Darm gereift, Spanien.
**Lomo Iberico:** → Caña de Lomo.
**Longanisse:** Sehr scharfe DW mit Anis, Frankreich.
**Longaniza:** Lange, knoblauchreiche DW, Spanien.
**Longaniza de Aragón:** Nur aus S mit wenig Speck.
**Longaniza de Murcia:** Luftgetrocknet, aus S und Bauchspeck, mit Peperoni und Zimt.
**Longaniza de Pascua:** Luftgetrocknet, aus S und Kalbfleisch, mit Anis.
**Lonzu:** Geräuchertes, ganzes Schweinefilet im Darm, Spanien.
**Loukanka:** Luftgetrocknete oder geräucherte DW aus R und S, Bulgarien.
**Lup Cheong:** Chinesische Schweins-RW, früher häufig auch aus Ziegen- oder Lammfleisch hergestellt.
**Mailänder Salami:** → Salame Milano.
**Mecklenburger Knochenpeter:** Dicke, geräucherte RW im Schweinemagen, Deutschland.
**Ménage:** Mittelkörnige DW aus S und R, Frankreich.
**Mennonitenwurst:** Geräucherte DW aus S, USA.
**Mettwurst:** Geräucherte oder luftgetrocknete RW aus Schweinebauch und grobem Speck, Deutschland.
**Mettwurst, Hamburger grobe:** Viel R, wenig S.
**Mettwurst, Westfälische:** Mit Pfeffer.
**Morcón:** Luftgetrocknete DW aus magerem S mit Peperoni und Knoblauch, im Dünndarm, Spanien.
**Moskovskaya:** Geräucherte Rohwurst aus R und S, UdSSR.
**Naturreifung:** Reifung unter wechselnden, natürlichen Temperatur-, Feuchte- und Windbedingungen.
**Norwegische Schafswurst:** Geräucherte DW aus Lamm und R mit wenig Lammfett.
**Palla Ferrarese:** Kugelige DW aus S mit mittelfeiner Körnung, Italien.
**Pantli:** Geräucherte, mittelgrobe DW mit intensivem Aroma, Schweiz.
**Passita:** Dünne, mittelgrobe DW aus S, Italien.
**Plockwurst:** Geräucherte RW mit mehr R als S, gewürzt mit Weinbrand und Knoblauch.
**Poltru de Menorca:** Sehr große, der → Sobrasada ähnliche RW.
**PSE:** Blasses, weiches und wäßriges Frischfleisch.
**Ringelwurst:** Kleine RW aus Franken.
**Rohwurst:** Wurst aus zerkleinertem, nicht gekochtem, also rohem Fleisch und Speck, luftgetrocknet oder geräuchert.

**Rosette:** Lange, dicke und grobe Schweins-DW, Frankreich.
**Salame** (Plural **Salami**): Meist größere DW, in der Regel mit fein bis mittelgrob zerkleinertem Schweine-, aber auch Rindfleisch und deutlich sichtbarem Speck, meist luftgetrocknet, Italien.
**Salame Abruzzese:** Klein, mit ganzen Pfefferkörnern.
**Salame Bellumese Misto:** Aus S und Pferdefleisch.
**Salame Cadorino:** Aus S und Eselfleisch.
**Salame Calabrese:** Geräuchert, sehr scharf.
**Salame Campagnole:** Dick, mittelfeine Körnung.
**Salame Corallina:** Lang, dünn, mit grobem Speck.
**Salame Crespone:** Groß und dick, recht grob.
**Salam d'la Düja:** Zarte DW, die in Schmalz aufbewahrt wird.
**Salame Fabriano:** Mittelgrob, pfeffrig.
**Salame Felino:** Mild, sehr lang, Spitzenqualität.
**Salame Finocchiona:** Delikate DW aus der Toskana.
**Salame Fiorettino:** Lang und dünn, grobe Körnung.
**Salame Friulano:** Mittelgrob, nur S.
**Salame Genovese:** Mild, mittelfein, mit mehr R als S.
**Salame con la Lingua:** Dicke DW, mit Schweinezunge.
**Salame di Macomer:** Kurz, dick, nur aus S.
**Salame Marchigiano:** Mittelfein, mit grobem, in Rotwein eingelegtem Speck.
**Salame Milanino:** Eine kleine Version der → Salame Milano.
**Salame Milano:** Mailänder Salami, feingekörnt, mildes Aroma.
**Salame Montanaro:** Mittelfein, nur S.
**Salame di Montefeltro:** Feinkörnig mit grobem Speck, ganze Pfefferkörner.
**Salame Mostardella:** Grob, ringförmig.
**Salame Mugnano:** Geräuchert, nur S.
**Salame Napoletano:** Geräuchert, mittelgrob, feurig scharf.
**Salame di Nola:** Geräuchert, sehr klein bis klein.
**Salame Nostranello:** Sehr klein, aus R und Schaffleisch.
**Salame Piemontese:** Grob, nur aus S.
**Salame, Pustertaler:** Geräuchert.
**Salame Rimini:** Kurz, dünn, nur S.
**Salame di Sant'Olcese:** Auch geräuchert, nur S.
**Salame Secondigliano:** Geräuchert, sehr scharf.
**Salame Sorrentino:** Leicht geräuchert, nur S.
**Salame di Sugo:** Aus S und Schweinezunge.
**Salame di Tacchino:** Eine Kochwurst aus Geflügelfleisch und Schinken.
**Salame Toscano:** Mit grobem Speck, sonst → Salame Finocchiona.

**Salame Ungherese:** Ungarische Salami, nur S, mittelkörnig, mit Paprika, Knoblauch und Wein.
**Salame Varzi:** Knoblauchreich, grobkörnig, Spitzenqualität.
**Salame Veneto:** Dick, mit Knoblauch.
**Salame Veronese:** Mild oder knoblauchreich, ziemlich dick.
**Salamella Napoli:** Kleine Salami aus Neapel, meist geräuchert.
**Salchichón de Vic:** Lange DW aus S, luftgetrocknet, sehr wenig Speck, Spanien.
**Salpicon:** Geräuchert, grobkörnig, scharf, nur S, Italien.
**Salsiccia:** Italienische luftgetrocknete oder geräucherte Mettwurst.
**Salsiccia Bologna:** Sehr lange Mettwurst in Ringform.
**Salsiccia di Cinghiale:** Mettwurst aus Wildschweinfleisch.
**Salsiccia Lucana:** Geräuchert.
**Salsiccia Luganega:** Sehr lang, in Ringform.
**Salsiccia di Macomer:** Sehr lang, in Ringform.
**Salsiccia Modena:** Kurze Mettwurst.
**Salsiccia di Napoli:** Geräucherte Mettwurst.
**Salsiccione:** Knoblauchhaltige, speckarme DW aus S, Italien.
**Saucisse:** Wurst (französisch).
**Saucisse de montagne:** Kleinere, luftgetrocknete DW aus grobem S, Frankreich.
**Saucisson:** Große Wurst (französisch).
**Saucisson d'Alsace:** Weiche, geräucherte DW aus R und S.
**Saucisson d'Ardennes:** Geräuchert, weich, aus R und S, mit Rum, Frankreich und Belgien.
**Saucisson d'Arles:** DW aus R und S, früher aus Fleisch vom Esel, Maultier und Pferd.
**Saucisson de Lyon:** Dicke, aber kleine DW mit grobem Speck.
**Sbriciolana:** Eine sehr grobe Salami, nur aus S, Italien.
**Schinkenplockwurst:** DW, auch luftgetrocknet, grob, mehr S als R, Deutschland.
**Schlackwurst:** Sehr feinkörnige RW in Schweinefettenden, aus S und R und Schweinebauch, Deutschland.
**Schlackwurst, Braunschweiger:** Nur aus S.
**Schlackwurst, Thüringer:** S und R.
**Schlackwurst, Westfälische:** Wie Schlackwurst, mit Pfeffer, Ingwer, Senfkörnern, Rum und Himbeersaft.
**Schwitzrauchverfahren:** Schnellreifung durch hohe Temperaturen und eine Luftfeuchte von 100 Prozent.
**Secallona:** → Fuet de Barcelona.
**Servelat:** → Cervelat.

**Settenani:** Sehr kleine, salamiähnliche Dauerwürstchen, Italien.
**Siebenföncher:** Geräucherte DW aus Meran.
**Sobrasada:** DW aus Spanien, entspricht der italienischen → Soppressa.
**Sobrasada de Alicante:** Wie → Sobrasada Mallorquina.
**Sobrasada Mallorquina:** Dicke, runde RW aus S mit Speck, grobkörnig, Spanien.
**Soppressa:** Preßsalami, dicke, meist etwas rechteckig gepreßte DW aus Italien.
**Soppressa Coppata:** Sehr dick, mit einem ganzen Stück aus der Schweinekeule.
**Soppressa Lombata:** Aus Schweinefilet oder -keule.
**Soppressa Veneta:** Zart, grobkörnig.
**Soppressata:** → Soppressa.
**Soppressata della Basilicata:** Fettarm, nur S.
**Soppressata Calabrese:** Nur S, mit Blut versetzt, geräuchert.
**Soppressata di Fabriano:** Nur S, grobkörnig, leicht geräuchert.
**Soppressata Lucana:** Nur S mit grobem Speck.
**Soppressata di Martinafranca:** Scharf, aus R und S mit grobem Speck.
**Sorbat:** Gemeint ist Kaliumsorbat; dient zur äußerlichen Behandlung von Wursthüllen, um Schimmelwachstum zu hemmen.
**Sovetskaya:** DW aus R und S, UdSSR.
**Spianata Calabrese:** Sehr große, rechteckige DW, wenig Speck, Italien.
**Spianata Romana:** Dicke, rechteckige DW, mit grobem Speck, luftgetrocknet.
**Sremska Kobasica:** Sehr scharfe, grobe DW, nur aus S, Jugoslawien.
**Starterkulturen:** Dienen zur beschleunigten Reifung von Rohwurstmasse, bestehen aus Bakterien, Pilzen und Hefen.
**Stolitchnaya:** RW aus R und S, UdSSR.
**Sudjuka:** Grobe, geräucherte DW aus R und Hammelfleisch, Jugoslawien.
**Sulmtaler Krainer:** Luftgetrocknete, kleinere DW aus S, Österreich.
**Sumaya:** → Fuet de Barcelona.
**Szegediner Paprikasalami:** Scharfe DW mit viel Paprika, Ungarn.
**Taniacae:** Römische Bezeichnung für RW.
**Teewurst:** Streichfähige, geräucherte Rohwurst, Deutschland.
**Umrötung:** Bildung einer stabilen Rotfärbung des reifenden, rohen Fleisches in Rohwurst oder Rohschinken.
**Ventriciana:** Scharfe, sehr grobe Salami, nur aus S, Italien.
**Zia Ferrarese:** Dicke, mittelkörnige Salami, Italien.

# Die ECON Gourmet Bibliothek

Ob über die besten Käsesorten, den feinsten Sekt, die exklusivsten Arten, Hummer zu essen – die ECON Gourmet Bibliothek informiert Sie über die edelsten Produkte aus dem Bereich Essen & Trinken. »Mehr Lebensfreude durch kulinarischen Genuß«, ist das Motto des Herausgebers Hans-Peter Wodarz. Und so richtig genießen kann eben nur der Wissende. In kompakter Form erhalten Sie wichtige Informationen über Kulturgeschichte, Herkunftsländer und Qualitäten. Tips, Adressen, Bewertungsskalen und praktische Empfehlungen helfen allen Genießern und Gourmets weiter.

Jeder Band der ECON Gourmet Bibliothek umfaßt ca. 112 Seiten und ist so sorgfältig ausgestattet wie das Buch, das Sie im Moment in den Händen halten: Ein fester Pappband, farbiges Vorsatzpapier, Kaptalbändchen und viele Farbtafeln machen die ECON Gourmet Bibliothek auch für Bücherfreunde zu einem optischen Genuß. Auf den folgenden Seiten sehen Sie, wie viele Bücher zu Gourmetthemen bereits erschienen sind.

Peter C. Hubschmid
**Beaujolais, Primeur & Co.**

Jürgen Lautwein
**Espresso, Mokka, Capuccino & Co.**

Karl Rudolf
**Grappa, Marc & Co.**

Karl Rudolf
**Portwein**

Heide Hartner
**Olivenöl & Oliven**

Peter Lempert
**Austern**

Veronika Müller
**Hummer, Krabben, Shrimps & Co.**

Ingeborg Kunze-Glupp
**Trüffel**

Peter Hilgard
**Sherry**

Friedrich Eberle/Christa Klauke
**Chianti**

Karl Rudolf
**Calvados**

Jo Volks
**Armagnac**

Petra Klein
**Essig: Aceto Balsamico & Co.**

Rudolf Knoll
**Sekt**

Ingo H. G. Taubert
**Lachs**

Jürgen Löbel
**Parmaschinken & Co.**

Heide Hartner
**Roquefort, Stilton & Co.**

August F. Winkler
**Mouton-Rothschild, Latour, Lafite-Rothschild & Co.**

Ingo H. G. Taubert
**Kaviar**

Jürgen Löbel
**Mailänder Salami & Co.**

Heide Hartner
**Lamm**

Peter Hilgard
**Rioja-Weine**

Rudolf Knoll
**Mosel-Saar-Ruwer**

Karl Rudolf
**Malt, Scotch, Bourbon & Co.**